Kerstin Söderblom

Queersensible Seelsorge

Vandenhoeck & Ruprecht

Bibliografische Information der Deutschen Nationalbibliothek:
Die Deutsche Nationalbibliothek verzeichnet diese Publikation in der
Deutschen Nationalbibliografie; detaillierte bibliografische Daten sind
im Internet über https://dnb.de abrufbar.

© 2023 Vandenhoeck & Ruprecht, Robert-Bosch-Breite 10, D-37079 Göttingen,
ein Imprint der Brill-Gruppe
(Koninklijke Brill NV, Leiden, Niederlande; Brill USA Inc., Boston MA, USA;
Brill Asia Pte Ltd, Singapore; Brill Deutschland GmbH, Paderborn, Deutschland;
Brill Österreich GmbH, Wien, Österreich)
Koninklijke Brill NV umfasst die Imprints Brill, Brill Nijhoff, Brill Hotei,
Brill Schöningh, Brill Fink, Brill mentis, Vandenhoeck & Ruprecht, Böhlau,
V&R unipress und Wageningen Academic.

Alle Rechte vorbehalten. Das Werk und seine Teile sind urheberrechtlich
geschützt. Jede Verwertung in anderen als den gesetzlich zugelassenen Fällen
bedarf der vorherigen schriftlichen Einwilligung des Verlages.

Umschlagabbildung: © rkit/Pixabay

Satz: SchwabScantechnik, Göttingen
Druck und Bindung: ⊕ Hubert & Co. BuchPartner, Göttingen
Printed in the EU

Vandenhoeck & Ruprecht Verlage | www.vandenhoeck-ruprecht-verlage.com

ISBN 978-3-525-60013-9

Inhalt

VORWORT 9
EINLEITUNG 11

EINORDNEN 13

I   Was ist Seelsorge? 13
    1 Annäherung an Seelsorge 13
    2 Persönliche Standortbestimmung 16
    3 Biblisch-theologische Grundannahmen 18
    4 Annäherung an queertheologische Ansätze 23

WAHRNEHMEN 25

II   Kontext 25
    1 »Outside the box« 25
    2 Lernwege 25
    3 #OutInChurch 26
    4 Pluralisierung der Lebensformen und Geschlechtsidentitäten 27
    5 Vorbilder in gelebter Selbstannahme 28
    6 Respektvolle Begleitung und Seelsorge als Initialzündung
       für Engagement 29

III   Fallbeispiele 30
    1. Fallbeispiel: »Ich weiß nicht, wie ich es sagen soll!« 30
       1.1 Begegnung 30
       1.2 Queere Re-Lektüre der Ostergeschichte 33
       1.3 Resonanzen 34
    2. Fallbeispiel: »Ich trenne mich, um mich selbst wieder zu finden!« . . . 35
       2.1 Begegnung 35
       2.2 Queere Re-Lektüre der Jakobsgeschichte 38
       2.3 Resonanzen 40
    3. Fallbeispiel: »Es ist die Hölle!« 41

  3.1 Begegnung 41
  3.2 Queere Re-Lektüre der Geschichte des Propheten Elia 43
  3.3 Resonanzen 46
 4. Fallbeispiel: »Ich passe in keine Schublade!« 47
  4.1 Begegnung 47
  4.2 Queere Re-Lektüre der Josefsgeschichte 48
  4.3 Resonanzen 51
 5. Fallbeispiel: »Was ist eigentlich normal?« 52
  5.1 Begegnung 52
  5.2 Queere Re-Lektüre des Doppelgebots der Liebe 55
  5.3 Resonanzen 57

VERSTEHEN 59

IV Erste Erkenntnisse 59
 1 Rahmen: Sichere Orte und Zeiten 59
 2 Haltung: Wertschätzung und Respekt 59
 3 Wissen: Kenntnis von Minderheitenstress 60
 4 Bewertung: Perspektivwechsel und Handlungserweiterung 63
 5 Herausforderung: »Clobber Passages« 64
 6 Werkstatt: Queere Re-Lektüren biblischer Texte 64
 7 Reflexion: Die Rolle der Seelsorger:innen 65

V Umgang mit »Clobber Passages« 67
 1 Herausforderung 67
 2 Theologische Einordnung und Erklärung der »Clobber Passages« ... 68
 3 Fazit 75

UMSETZEN 77

VI Queersensible Seelsorge bei Kasualhandlungen 77
 1 Trauungs- und Segnungsgottesdienste 77
  1.1 Anfrage 78
  1.2 Queere Re-Lektüre des Buchs Ruth 79
  1.3 Resonanzen 83
  1.4 Fazit 85
 2 Taufen in Regenbogenfamilien 86
  2.1 Anfrage 86
  2.2 Queere Re-Lektüre von Jesaja 43,1b 87
  2.3 Resonanzen 87
  2.4 Fazit 88

3	Coming-out in der Konfirmand:innengruppe	89
	3.1 Anfrage	90
	3.2 Queere Re-Lektüre der Geschichte von David und Jonathan	90
	3.3 Resonanzen	96
	3.4 Fazit	98
4	Namensfest im Kontext von Transitionen	98
	4.1 Anfrage	99
	4.2 Queere Re-Lektüre der Geschichte vom äthiopischen Eunuchen	101
	4.3 Resonanzen	103
	4.4 Fazit	104
5	Trauerfeiern im queeren Umfeld	105
	5.1 Anfrage	105
	5.2 Queere Re-Lektüre von Johannes 8,12	108
	5.3 Resonanzen	109
	5.4 Fazit	109
6	Schlussfolgerungen	110

VII Queersensibel seelsorglich predigen ... 111

1	»Steh auf und geh!« – die Heilung am Teich Bethesda queer erzählt	111
	1.1 Predigt	111
	1.2 Resonanzen	116
2	»Komm heraus!« – die Auferweckung des Lazarus queer erzählt	116
	2.1 Predigt	116
	2.2 Resonanzen	121
3	»Zachäus und die Scham« – die Geschichte vom Zöllner queer erzählt	122
	3.1 Predigt	122
	3.2 Resonanzen	125
4	Vom Verlieren und Wiederfinden – die Geschichte vom verlorenen Sohn queer erzählt	126
	4.1 Predigt	126
	4.2 Resonanzen	127
5	»Out of the Box!« – jenseits von Schubladen queer erzählt	127
	5.1 Predigt	127
	5.2 Resonanzen	129
6	»Du sollst ein Segen sein!« – vom Segen queer erzählt	130
	6.1 Predigt	130
	6.2 Resonanzen	133
7	»Jakob, Rahel, Lea & Co.« – Familienstreit im Hause Jakob queer erzählt	133
	7.1 Predigt	133
	7.2 Resonanzen	138
8	Schlussfolgerungen	138

DEUTEN 141

VIII Queersensible Pastoraltheologie der Vielfalt 141
   1 Queersensible Seelsorge – Anforderungen an die Person
     der Seelsorger:in 141
   2 Queersensible Seelsorge – Lebensdeutung im Lichte
     biblischer Geschichten 143
   3 Queersensible Seelsorge – wechselseitiges Beziehungsgeschehen ... 144
   4 Queersensible Seelsorge – wertschätzende Ressourcenorientierung 145
   5 Queersensible Seelsorge – Sprachschule für Selbstwert und
     gesellschaftliches Handeln 146
   6 Queersensible Seelsorge – innovativer Motor für gastfreundliche
     und inklusive Gemeinden 148
   7 Queersensible Pastoraltheologie der Vielfalt – lebenszugewandt,
     kreativ und transformativ 149

Glossar 151

(Selbst-)Reflexionsfragen für eine queersensible Seelsorge 154
   1. Persönlich 154
   2. Strukturell 155
   3. Konsequenzen 156

Checkliste für geschützte Räume – »Safe(r) Spaces« in der Seelsorge ... 157

Literatur 158

Auswahl an Netzwerken, Einrichtungen und Beratungsstellen 161

Dank 162

VORWORT

Seit über zwanzig Jahren arbeite ich als offen lesbisch lebende Pfarrerin in verschiedenen kirchlichen Positionen. Personalverantwortliche meiner Landeskirche, der Evangelischen Kirche in Hessen und Nassau (EKHN), haben mich schon als junge Theologiestudentin ermutigt, mein Studium nach meinem Coming-out nicht aufzugeben. Sie betonten, dass sie ihr Personal aufgrund seiner Qualifikation einstellten und nicht aufgrund seiner Lebensform. Gleichwohl erklärten sie mir auch, dass meine Lebensweise für manche Gemeindeglieder vor Ort schwierig werden könnte. Und es war tatsächlich ein nicht immer einfacher Lernweg für alle Beteiligten.

Seit meinem Coming-out in den 1980er Jahren ist viel passiert. Es gibt in vielen Landeskirchen die Trauung für alle, lesbische und schwule Pfarrpersonen wohnen als Paare im Pfarrhaus, trans* Personen arbeiten auch nach ihrer Transition in kirchlichen Berufen. Zumindest in den meisten evangelischen Landeskirchen in Deutschland ist das so.

Schaut man allerdings in die weltweite ökumenische Kirchenlandschaft, sind Kirchen viel zu oft Teil des Problems und nicht Teil der Lösung. Rechtsevangelikal gesinnte Menschen aller Konfessionen – offen auch für nicht religiöse fundamentalistische und rechtsextreme Positionen – organisieren sich international, um sich für traditionelle Familienwerte einzusetzen.

Nicht wenige Pfarrpersonen und kirchliche Mitarbeitende verurteilen queere Menschen in Predigten und Ansprachen öffentlich und drohen ihnen mit Hölle und Verdammnis. Manche stacheln ihre Gemeindeglieder sogar mit der Bibel in der Hand zu Hass und Ausgrenzung auf. Immer wieder werden queere Personen nach einem freiwilligen oder erzwungenen Coming-out aus Gemeinden oder religiösen Gruppen ausgeschlossen. Soziale Kontakte und Netzwerke gehen verloren und nicht selten werden queere Personen verbal oder tätlich angegriffen. Kyrill I., der Patriarch der russisch-orthodoxen Kirche in Moskau, hat als einen Kriegsgrund für den Angriffskrieg Russlands gegen die Ukraine angegeben, russische Familienwerte gegen die westliche »Schwulenseuche« und gegen Christopher-Street-Day-Paraden beschützen zu müssen.

Kein Wunder, dass queersensible Seelsorge bis heute dringend notwendig ist. Queere Gläubige brauchen Schutzräume, in denen sie von ihren Erfahrungen erzählen können, ohne sich dafür rechtfertigen oder Angst vor Re-Traumatisierungen haben zu müssen. Sie brauchen Orte, an denen sie erleben können, dass queer sein und gläubig sein kein Widerspruch ist, sondern selbstverständlich zusammenpasst.

Genau dafür setze ich mich als Pfarrerin leidenschaftlich ein. Ich engagiere mich für Respekt und Gleichberechtigung queerer Menschen an verschiedenen kirchlichen Orten: in der Verkündigung, in kirchlichen Diskussionsveranstaltungen und in der Bildungsarbeit, in Seelsorge und Beratung. Und von Anfang an haben mich queere Gläubige oder solche, die religiös auf der Suche sind, um Seelsorge und Beratung gebeten. Der Bedarf war und ist groß. Ein explizit queerfreundliches Seelsorgeangebot ist in kirchlichen Kreisen dagegen nach wie vor überschaubar.

Wie wichtig queersensible Seelsorge ist, zeigt sich auch in meiner jetzigen Tätigkeit als Hochschulpfarrerin der Evangelischen Studierendengemeinde (ESG) in Mainz. Studierende ganz verschiedener Fachrichtungen haben mich von Beginn an auf queersensible Seelsorge und Beratung hin angesprochen. Denn auch junge Leute erleben täglich, wie schwierig es ist, gleichzeitig queer und gläubig zu sein. Glücklicherweise sind queersensible Seelsorgeangebote in der katholischen (KHG) und evangelischen Hochschulgemeinde in Mainz gut aufgestellt. Das ist aber bei Weitem nicht überall so.

Zudem gibt es dazu im deutschsprachigen Raum meines Wissens bisher keine einzige Buchveröffentlichung. Weder in der Seelsorgeausbildung noch in der Fort- und Weiterbildung ist ein queersensibler Ansatz offiziell Thema, geschweige denn Teil eines curricularen Konzepts.

Aus all diesen Gründen entschied ich mich Anfang 2022, meine Seelsorgeerfahrungen zu diesen Themen anhand von verdichteten Fallbeispielen aufzuschreiben und auszuwerten. Ein dreimonatiger Studienurlaub, den meine Landeskirche ihren Pfarrer:innen alle zehn Jahre ermöglicht, gab mir Zeit und Ruhe, um den Plan in die Tat umzusetzen.

Was ich mir von diesem Buch erhoffe: dass queersensible Seelsorgeperspektiven nachvollziehbar werden und bereits bekannte Erkenntnisse vertieft werden können.

Was ich mir wünsche: dass das Buch Anregungen gibt für die Seelsorgepraxis vor Ort und Material bietet für Module einer queersensiblen Seelsorgeaus- und -weiterbildung.

Kerstin Söderblom

EINLEITUNG

Das Buch ist nach dem Fünfschritt Einordnen (Kapitel I), Wahrnehmen (Kapitel II–III), Verstehen (Kapitel IV–V), Umsetzen (Kapitel VI–VII) und Deuten (Kapitel VIII) gegliedert. Dafür kläre ich im ersten Kapitel meinen Seelsorgebegriff und beziehe diesen auf queertheologische Grundannahmen. Im zweiten Kapitel führe ich in den gesellschaftlichen und kirchlichen Kontext des Themas ein. Im dritten Kapitel beschreibe und verdichte ich mithilfe von fünf anonymisierten Fallbeispielen aus meiner Seelsorgepraxis exemplarisch Herausforderungen und Chancen der Seelsorge im queeren Kontext. Im vierten Kapitel formuliere ich erste fallnahe Erkenntnisse daraus für eine queersensible Seelsorge.

Im fünften Kapitel notiere ich einige zentrale Aussagen zu den sogenannten »Totschlagtexten« (»Clobber Passages«), also den biblischen Passagen, die gegen queere Menschen zitiert werden, um sie abzuwerten oder zu verdammen. Dies ist für eine queersensible Seelsorge notwendig, da Seelsorgesuchende um die Einordnung und Erklärung der Passagen im Seelsorgegespräch immer wieder ringen. Im sechsten Kapitel verdichte ich anhand von fünf Fallbeschreibungen Seelsorgehandlungen bei Kasualgottesdiensten im queeren Kontext, die ich als Gemeindepfarrerin und später als Pfarrerin im Evangelischen Studienwerk in Villigst erlebt habe. Ich beschreibe die Segnung eines gleichgeschlechtlichen Paares, eine Taufe im Kontext einer Regenbogenfamilie, Konfirmandenunterricht mit dem Coming-out eines Jugendlichen, ein Namensfest im Rahmen einer Transition und eine Trauerfeier im Rahmen der Beerdigung eines schwulen Mannes. Anschließend reflektiere ich die Bedeutung seelsorglicher Arbeit im Rahmen von Kasualien im queeren Kontext. Im siebten Kapitel stelle ich sieben seelsorgliche Predigtimpulse vor, die ich in unterschiedlichen Kontexten gegeben habe und die eine queersensible seelsorgliche Arbeit initiiert oder unterstützt haben, und beschreibe mir bekannte Resonanzen. Im achten Kapitel formuliere ich Schlussfolgerungen und Grundanforderungen an eine queersensible Seelsorge. Abschließend notiere ich zentrale Sätze für eine queersensible Pastoraltheologie der Vielfalt. Glossar, (Selbst-)Reflexionsfragen zu queersensibler Seelsorge, eine Checkliste für Safer Spaces, Literaturverzeichnis, eine Auswahl an Netzwerken, Einrichtungen und Beratungsstellen runden das Buch ab.

Alle Bibeltexte zitiere ich aus der revidierten Lutherbibel von 2017 oder aus der Bibel in gerechter Sprache. Hinzu kommen eigene Übersetzungen.

Ich verstehe dieses Buch als schriftlichen Reflexionsprozess meiner Seelsorgepraxis aus queertheologischer Perspektive. Ich beziehe mich dabei auf »Good Practice«-Beispiele aus meiner über zwanzigjährigen Seelsorgepraxis, bei denen nach meiner Auffassung etwas über den Einzelfall hinaus gelernt werden kann. Selbstverständlich habe ich andere Beratungen erlebt, die aus verschiedenen Gründen nicht gelungen sind oder bei denen ich aus fachlicher Sicht an Grenzen stieß und die ich daher an spezialisierte Fachkräfte weiterüberwiesen habe.

Es ist ein Buch aus der Praxis für die Praxis. In diesem Sinne wünsche ich mir, dass es haupt-, neben- und ehrenamtlich Aktive in der Seelsorge einlädt, mit Freude und persönlichem Gewinn queersensibel zu beraten.

EINORDNEN

I Was ist Seelsorge?

1 Annäherung an Seelsorge

Leibhafte Wegbegleitung
Der auferstandene Jesus hat zwei Jünger nach Emmaus begleitet. Sie erkannten ihn nicht. Jesus hat ihnen zugehört, mit ihnen geredet und mit ihnen ein Stück Weg geteilt. Er nahm ihre Sorgen und Nöte ernst und nahm ihre Verunsicherung wahr. Jesus aß und trank mit ihnen und teilte schließlich Brot und Wein mit ihnen. So hatte er es früher getan, sodass die beiden Jünger ihn endlich wiedererkennen konnten. Es fiel ihnen wie Schuppen von den Augen. Jesus war wieder da. Wie konnten sie ihn vorher nicht erkannt haben? Er war von den Toten auferstanden, halleluja! Durch die Begegnung mit dem auferstandenen Jesus fassten sie neuen Mut. Nachdem Jesus wieder verschwunden war, gingen sie zurück nach Jerusalem, um den anderen von ihrem freudigen Erlebnis zu berichten.

Diese biblische Geschichte aus Lukas 24 ist Grundlage meiner Gedanken zur Seelsorge. Seelsorge ist in diesem Sinn leibhafte Wegbegleitung, achtsames Zuhören und eine zeitlich begrenzte Anteilnahme an den kleinen und großen Sorgen und Krisen an ganz unterschiedlichen Alltagsorten des Lebens. Fragen und Schweigen, Zuhören und Begleiten waren entscheidende Interventionen des auferstandenen Jesus. Außerdem mobilisierte er bei den Jüngern leibhafte Erinnerungen an gute Tage, indem er das Abendmahl mit ihnen teilte. Durch die vertraute rituelle Handlung setzte er innere Kraftquellen der Jünger frei und veränderte ihren Blick auf die Zukunft: Nicht mehr Verzweiflung, sondern Hoffnung prägten ihre Perspektive auf das Leben.

Den ganzen Menschen ansehen mit Körper, Geist und Seele
Seelsorge heißt nach meinem Verständnis, den ganzen Menschen anzusehen und anzusprechen, mit Körper, Geist und Seele. Denn in ihrer Ganzheit sind

Menschen G:ttes Ebenbild. Sie sind von G:tt einzigartig geschaffen und wunderbar gemacht (nach Psalm 139,14). Deshalb sind Respekt, Empathie und Wertschätzung gegenüber allen Menschen unhintergehbare Grundbedingungen für die Seelsorge. Menschen können in ihrer Vielfalt und Besonderheit aber nur dann erkannt werden, wenn sie zugleich in ihren familiären Bindungen, sozialen Systemen und gesellschaftspolitischen Zusammenhängen begriffen werden. Dafür ist die Bezugnahme auf die Humanwissenschaften unerlässlich.

Psychologische und psychosoziale Einsichten sind genauso relevant wie systemische, sozioökonomische, raum- und geschlechtersensible, gegebenenfalls interkulturelle und interreligiöse Dimensionen. Für die Seelsorge folgt daraus, die Selbst- und Weltsicht der Ratsuchenden anzuhören und ihren Selbstdeutungen respektvoll zu begegnen. Dafür ist es notwendig, Differenzen zu den eigenen Vorstellungen wahrzunehmen, auszuhalten und nicht zu bewerten. Ein solches seelsorgliches Handeln braucht Differenzsensibilität und die Fähigkeit der »Interpathie«, wie es der amerikanische Seelsorger David Augsburger in Ergänzung zur Empathie formuliert hat (vgl. Augsburger 1986, S. 27–32). Interpathie bedeutet, die eigene Sicht für eine begrenzte Zeit zurückzustellen und sie durch die Sicht der anderen substanziell zu erweitern.

Sinnstiftung und Lebensdeutung

Die Ratsuchenden kommen im Seelsorgegeschehen als »simul iustus et peccator«, also als gerechte und zugleich sündige Menschen in den Blick und erfahren, dass diese Ambivalenz spätestens seit Martin Luther aus evangelischer Sicht zum Menschsein genuin dazugehört. Diese Erkenntnis kann Druck und Stress nehmen und dazu ermutigen, ruhiger und gelassener auf lebensgeschichtliche Konflikte, Brüche und Leerstellen im Seelsorgegespräch zu schauen. Wenn G:ttes Wort angesichts von solchen Krisen mithilfe von biblischen Geschichten, Symbolen, Psalmen oder Gebeten zum Klingen gebracht wird, kann G:ttes liebende Annahme und die Rechtfertigung der Menschen »allein aus Gnade« konkret erlebbar werden. Dann trauen sich Ratsuchende, Schuld- und Schamgefühle anzusprechen und eigene Fehler zu benennen. Dadurch werden menschliche Lebensgeschichten und die Heilsgeschichte G:ttes aufeinander bezogen und miteinander verknüpft. Die christliche Seelsorge sieht die Menschen folglich nicht nur in ihrer Begrenztheit, sondern vor allem in ihrer Potenzialität als vor G:tt aufgerichtete Individuen. Kraftquellen, Ressourcen und Handlungsmöglichkeiten kommen ins Spiel, die sich in seelsorglichen Freiräumen entfalten können. Seelsorge ist in diesem Sinn immer auch Orientierungsangebot, Sinnstiftung und Lebensdeutung angesichts von krisenhaften Lebenserfahrungen.

Wo findet Seelsorge statt?
Seelsorge kann in kurzen Alltagsgesprächen auf der Straße, im Supermarkt oder vor der Kirchentür stattfinden. Sie geschieht in der Kinder- und Jugendarbeit und in der Schule am Rande von Elternabenden oder im Gespräch mit Jugendlichen oder Konfirmand:innen. Ihren festen Ort hat die Seelsorge im Gemeindeleben bei Kasualgesprächen, wie Tauf-, Trau- oder Trauergesprächen, bei Geburtstagsbesuchen und bei Begegnungen mit älteren Menschen, Kranken, Sterbenden und ihren Angehörigen. Seelsorge findet aber auch als Teil von übergemeindlicher sozialdiakonischer Arbeit mit Erwerbslosen, Wohnungslosen, in der Arbeit mit Migrant:innen, LSBTIQ+-Personen, mit HIV-Positiven, Suchtkranken oder mit anderen Gruppierungen statt. Schließlich ist die Spezialseelsorge ein ganz eigenes Feld. Sie geschieht an spezifischen Orten wie z. B. im Krankenhaus, an Universitäten und Hochschulen, in der Schule, in der Psychiatrie, im Gefängnis, im Altersheim, am Flughafen oder im Hospiz. Seelsorge in der Gemeinde ist im Verhältnis zur Seelsorge an übergemeindlichen Orten nicht wichtiger oder unwichtiger, nicht besser oder schlechter, sondern jeweils anders und stets konkret. Die verschiedenen Seelsorgeorte können nicht gegeneinander ausgespielt werden.

Wie geschieht Seelsorge?
Seelsorge ist ein ganzheitliches und interaktives Kommunikationsgeschehen. Es hat verbale, nonverbale und energetische Anteile. Alle Sinne sind daran beteiligt. Dabei wird ein Resonanzraum für Schmerz und Trauer, aber auch für Freude, Dankbarkeit und andere Gefühle eröffnet und als Schutzraum angeboten. Gerade in Gesprächen am Ende des Lebens, mit trauernden Angehörigen oder mit traumatisierten Menschen spielen Schweigen oder nonverbale Gestik, Mimik, Haptik und Ritualhandlungen eine wichtige Rolle. Liturgische Klage, Gebet, Psalmlesung, Gesang und Segenshandlungen können darin vorkommen. Energiefluss durch Handauflegung und Segensgesten, Berührungen bis hin zu Umarmungen sind möglich, dürfen den Ratsuchenden aber nur behutsam angeboten und auf keinen Fall übergestülpt werden. Genauso wichtig ist es, in der Seelsorgebegegnung präsent zu sein, Gefühle und Trauer auszuhalten, Themen in sich aufzunehmen (Containment), Ressourcen freizusetzen (Coping) und nicht zu zerreden. Manchmal geht es auch nur darum, mit den Ratsuchenden zu schweigen angesichts von unsagbarem Schmerz, wenn Worte nicht mehr hinreichen.

Beim Seelsorgegeschehen lauert gleichzeitig die Versuchung vonseiten der Seelsorger:innen, Rezepte und Ratschläge auszugeben, eigene Grenzen zu übersehen und in Selbstüberschätzung oder hektische Betriebsamkeit zu verfallen. Besonnenheit, Demut und die Kenntnis der eigenen Grenzen helfen dabei, Seelsorgegespräche verantwortlich zu gestalten. Deshalb werden die Rolle der Seelsorger:innen und ihre Grenzen regelmäßig in Supervision und in kollegialer Intervision reflektiert und bearbeitet.

Zum Schluss noch einmal das, was mir am wichtigsten ist: Seelsorge heißt, den einzelnen Menschen mit den Augen G:ttes und den Augen der anderen wahrzunehmen. Das schafft Freiräume und Hoffnung auf Veränderung.

2 Persönliche Standortbestimmung

Sorge um das Wohlbefinden der Menschen, die Seelsorge beanspruchen, treibt mich als Seelsorgerin an. Der Wunsch, dass es ihnen mit Körper, Geist und Seele gut gehen möge, begleitet mich seit über zwanzig Jahren in meinem Tun. Gleichzeitig wünsche ich mir, den Menschen die biblische Botschaft der Befreiung aus Unrecht und Unterdrückung mit auf den Weg zu geben. Die biblischen Geschichten erzählen von Anerkennung derjenigen, denen Leid geschah, die am Rand standen oder ausgegrenzt wurden. Ich bin überzeugt davon, dass diese Botschaft auch heute noch aktuell ist. Deshalb ist es mir wichtig, dass Seelsorger:innen wachsam vor allem auf diejenigen schauen, die bedroht und diskriminiert werden oder am Rande stehen. Es sind zumeist alte oder kranke Menschen, sozial Abgehängte, Menschen anderer Herkunft und Hautfarbe, körperlich und geistig Beeinträchtigte oder queere Menschen. Ihre Erfahrungen sind für mich theologisch existenziell relevant. Und ihre Alltagsthemen und Sorgen stellen für mich zentrale Herausforderungen für Theologie und Seelsorge dar.

Mein Augenmerk richte ich in diesem Buch auf die Situation von queeren Menschen, die sich gleichzeitig als gläubig oder religiös interessiert bezeichnen. Viele von ihnen haben ausgrenzende und demütigende Erfahrungen an kirchlichen Orten gemacht. Sie wurden und werden an einigen Orten, vor allem in (rechts-)evangelikalen Kreisen aller Konfessionen, immer noch abschätzig als Christ:innen zweiter Klasse angesehen (vgl. Schulz 2022, S. 76–80; vgl. auch weitere lebensgeschichtliche Beispiele in Platte 2018). Ihre Lebensform oder ihre Geschlechtsidentität machen sie zu Personen, die in Sünde leben, nicht dazupassen oder angeblich den Gemeindefrieden stören.

Der Perspektivwechsel hin zu ihren Sorgen, Themen und Wünschen ist für mich eine zentrale theologische Aufgabe und keine Randnotiz. Diese Sichtweise begleitet mich, seitdem ich mich während meines Theologiestudiums mit befreiungstheologischen Ansätzen beschäftigt habe.[1] Alle diese Ansätze sind

---

1   Mich interessierten vor allem feministische Befreiungstheologien (vgl. exemplarisch Schüssler-Fiorenza 1988; Schottroff 1990). Diese Ansätze griffen aber hinsichtlich der Frage nach verschiedenen Lebensformen und Sexualitäten oft zu kurz. Daher studierte ich lesbisch-femi-

kontextuelle Theologien. Ihr Gehalt muss immer wieder konkret und alltagsnah auf den entsprechenden Kontext bezogen werden und hat keine allgemeine Gültigkeit. Von diesen theologischen Ansätzen habe ich gelernt, kontextsensibel und konkret theologisch zu arbeiten. Audre Lorde, Katie Cannon, Sarah Vecera und andere haben mich gelehrt, Fragen von Rassismus, Kolonialismus, Homo- und Transfeindlichkeit nicht gegeneinander auszuspielen, sondern in ihrer strukturellen und intersektionalen Verwobenheit in meine theologische Reflexionsarbeit miteinzubeziehen (vgl. Vecera 2022; Lorde 1984/2021).[2]

Neben einer differenzierten und kritischen Aufnahme befreiungstheologischer Ansätze sind für mich in den letzten zwanzig Jahren vor allem die Konzepte wichtig geworden, die im Kontext der sogenannten Globalen Nordens die Blickrichtung auf soziale Privilegien, Hautfarbe und Geschlechtergerechtigkeit für Theologie und Seelsorge erweitert haben.[3] Solche Ansätze fordern theologische Binnenkonzepte im Hinblick auf gendersensible, antirassistische und postkoloniale Themen heraus. Queertheologische Ansätze wie die von Marcela Althaus-Reid, Linn Tonstad und Patrick Cheng haben es mir schließlich ermöglicht, mich mit queertheologischen Anliegen zu beschäftigen und sie in den deutschsprachigen Kontext zu übertragen (vgl. Tonstad 2018; Cheng 2011; Althaus-Reid 2000, 2003).

Vor diesem Hintergrund bin ich an einer Theologie und Seelsorge interessiert, die queere Menschen in ihren Alltagsbezügen zu Wort kommen lässt und ihre Stimmen zu Gehör bringt. Lange Zeit ist in theologischen kirchlichen Debatten lediglich über sie gestritten worden. Es ist an der Zeit, sie in Theologie und Seelsorge als Subjekte und Expert:innen ihrer eigenen Lebensgeschichten ernst zu nehmen und ihnen zuzuhören. Dafür erkunde ich, welche Bedingungen in der Seelsorge erfüllt sein müssen, damit queere Menschen angstfrei Seelsorgeangebote annehmen und sich sicher und respektiert fühlen können.

Theologische und seelsorgliche Arbeit ist für mich insofern keine neutrale Beschäftigung, sondern solidarisches Begleiten derjenigen, denen Unrecht oder Leid widerfahren ist. Wenn sie zu mir zum Seelsorgegespräch kommen, höre ich ihnen aufmerksam zu und nehme sie als Subjekte ihrer Lebensgeschichte ernst.

---

nistische Befreiungstheologien wie das Buch von Carter Heyward (1989) und später queere Ansätze in der Theologie. Marcella Althaus-Reid hat mich dabei in besonderer Weise geprägt (vgl. Althaus-Reid 2000, 2003).
2 Antirassistisch und womanistisch arbeitende Befreiungstheologinnen beklagten die fehlende Auseinandersetzung weißer Feministinnen mit Rassismus und Privilegien (vgl. z. B. Cannon 1988).
3 Die Theologin Sarah Vecera hat dies für den deutschen Kontext zum ersten Mal theologisch durchbuchstabiert (vgl. Vecera 2022).

Ziel ist es, die Ressourcen und Widerstandskräfte der Seelsorgesuchenden zu aktivieren, damit sie Handlungsmöglichkeiten entdecken und umsetzen lernen, die sie im Spannungsfeld von persönlichen Herausforderungen und strukturellen Gegebenheiten stärken.

3 Biblisch-theologische Grundannahmen

Biblische Geschichten können in der queersensiblen Seelsorge nach meiner Erfahrung eine wichtige Bedeutung haben – gerade weil queere Personen biblische Texte oftmals nur als Waffe gegen sich erlebt haben. Dabei hat die Bibel doch eine zentrale Gesamtbotschaft: G:tt ist bei unterdrückten und an den Rand gedrängten Menschen und ergreift für sie Partei. Der Kern von G:ttes Verkündigung ist Heilung von unheiligen Verhältnissen und Beziehungen und ein friedliches Zusammenleben aller Menschen. Ob in großen biblischen Erzählungen oder kleinen Miniaturen, diese Botschaft setzt sich immer wieder durch. Trotz oder gerade weil biblische Texte auch innerhalb des Alten und Neuen Testaments in sich enorm vielfältig oder sogar widersprüchlich sind. Die Texte decken einen Zeitraum von vielen Jahrhunderten ab und reflektieren ganz unterschiedliche kulturelle, sozialpolitische und wirtschaftliche Verhältnisse. Insofern können biblische Texte nur im innertextlichen Kontext und im historischen Zusammenhang gelesen und verstanden werden. Gleichwohl zieht sich die Gesamtbotschaft durch die Bücher der Bibel hindurch. Die Texte richten sich gegen unterdrückerische Strukturen und stehen für ganzheitliches Wohlergehen (Schalom) und ein lebenswertes Leben für alle ein. Die Ermutigung für ein aufrechtes und respektvolles Miteinander ist auch für die Seelsorge zentral. Im Folgenden nenne ich noch einige andere bedeutsame Facetten.

Ohne Vorbehalte zuhören

Jesus ließ sich ohne Vorbehalte von sogenannten Außenseiter:innen einladen und setzte damit Zeichen, die für mein Seelsorgeverständnis entscheidend sind. Jesus besuchte Menschen, unabhängig von ihrer Herkunft, Hautfarbe, Geschlechtsidentität und ihrem sozialen Status. Er hörte ihnen zu, aß und trank mit ihnen, nahm ihre Lebensgeschichte ernst und schaute auf ihre Ressourcen, um Dinge, unter denen sie litten, zu verändern und ihr Leben zu transformieren. Jesus war zugleich Gesprächspartner und Fürsprecher, Vorbild und Initiator von Veränderung. Er konfrontierte starre Lehrsätze und sprach sich für ein menschenfreundliches Miteinander aus. Er holte diejenigen, die am Rande standen, in die Mitte seiner Aufmerksamkeit und kritisierte Selbstgefälligkeit.

Zu diesen Gedanken habe ich 2016 auf meiner Website ein Gedicht veröffentlicht. Es heißt: »Ohne Vorbehalte« (Söderblom 2016):

Ohne Vorbehalte
»Ich lade euch ein!« (Matthäus 9,9–12)
Jesus lässt den Zöllner Gastgeber sein.
Er kommt gerne. Er isst und trinkt mit ihm.
  Was der? Der ist doch unmöglich! Ein Halsabschneider!
Jesus genießt, was ihm geboten wird, ohne weitere Fragen.
Er teilt das Mahl mit dem Außenseiter.
  Was der? Der ist doch unmöglich! Ein Halsabschneider!
Jesus weiß: Wer dem anderen ohne Vorbehalte begegnet, der kann überrascht werden.
Jeder und jede hat eine Chance verdient.
  Was der? Der ist doch unmöglich! Ein Halsabschneider!
Jesus interessiert der Protest nicht.
Andere sind empört.
  Warum isst Jesus nicht bei uns?
  Warum bei diesem Außenseiter?
Jesus spricht mit allen.
Er holt sie vom Rand in die Mitte.
Er bezieht die Ausgegrenzten ein.
Er gibt den scheinbar Nutzlosen,
den Fremden und Anderen ihre Würde zurück.
  Was der? Der ist doch unmöglich! Ein Halsabschneider!
Jesus begegnet Einsamen, Fremden,
Kranken und Außenseiter:innen.
Er verurteilt sie nicht.
Stattdessen hört er ihnen zu,
nimmt sie ernst,
will ihre Geschichte verstehen.
Er etikettiert nicht,
steckt nicht in Schubladen,
grenzt nicht aus.
Jede:r hat eine Chance verdient.
Denn in jedem Menschen kann mir G:tt begegnen.

Im Gegenüber G:ttes Ebenbild sehen

G:tt hat die Menschen männlich und weiblich geschaffen und alles dazwischen. Genauso wie G:tt Licht und Finsternis mit Morgen- und Abenddämmerung und allem anderen dazwischen geschaffen hat; genauso wie Wasser und festes Land mit Mooren, Sümpfen und Marschland und allem anderen dazwischen. Ebenso hat G:tt die Tiere im Wasser, auf dem Feld und in der Luft und alle anderen Lebewesen dazwischen geschaffen. Auch wenn in den Schöpfungsberichten nur dualistische Gegenüberstellungen vorkommen, so umfassen sie doch alle Phänomene und Geschöpfe dazwischen. Denn alles in allem ist G:ttes Schöpfung. Und alles dazwischen gehört dazu, auch nichtbinäre, trans* oder intergeschlechtliche Personen. Und nach biblischem Zeugnis ist jeder Mensch G:ttes Ebenbild (Genesis 1,27 f.).

Jeder und jede ist einzigartig, ein Original vor G:tt und von G:tt gesegnet. Dieser Segen wird jedem Menschen ohne Vorleistung »allein aus Gnade« geschenkt, wie es Martin Luther formuliert hat. Allein aus Gnade wird jedem Menschen uneingeschränkt Würde zugesprochen. Zugleich setzt G:tt die Menschen im ersten Schöpfungsbericht als Statthalter:innen der ganzen Schöpfung auf Erden ein. Das heißt, G:tt traut den Menschen ethisch und ökologisch verantwortliches Handeln zu. G:tt erwartet von den Menschen, achtsam und respektvoll mit der Schöpfung und ihren menschlichen, tierischen, pflanzlichen und allen stofflichen Wesen umzugehen, statt die Schöpfung rücksichtslos auszuplündern, zu verschmutzen oder zu zerstören.

Christliches Menschen- und Weltbild gehören demnach zusammen. Sie sind geprägt und getragen von G:ttes Zuspruch und von G:ttes Segen. Beides ermutigt und ermächtigt die Menschen, verantwortlich und achtsam miteinander und mit der gesamten Schöpfung umzugehen und zusammenzuleben. Gleichzeitig ist damit der Anspruch verknüpft, genau diese Verantwortung besonnen, ökologisch bewusst und friedlich füreinander und miteinander zu gestalten. Im Krisenfall, bei Problemen und in Notlagen bedeutet diese Haltung, kollektiv und individuell wachsam zu sein und füreinander einzustehen. Genau diese Haltung ist auch für eine christlich fundierte Seelsorge bedeutsam.

Befreiung aus Unterdrückung weitererzählen

Dort, wo Menschen unterdrückt werden, wo ihnen Unrecht und Gewalt widerfährt, wo sie ausgegrenzt oder ihrer Rechte beraubt werden, dort gilt ihnen G:ttes befreiende Botschaft. Das ist der Zuspruch, den G:tt bereits Moses, Mirjam, Aaron und dem ganzen Volk Israel im Buch Exodus mit auf den Weg gegeben hat. G:tt sprach damals zu Mose sinngemäß: Zieht aus der Sklaverei aus und sucht euch einen anderen Ort, einen gerechten und friedlichen, an dem ihr ohne Unterdrückung leben könnt. Ich werde bei euch sein. Ich werde euch bei Tag und bei Nacht begleiten und euch Orientierung geben. Aber schützt die Alten, Witwen und die Fremden! Denn ihr ward selbst Fremde in Ägypten.

Zuspruch und Anspruch G:ttes gehören zusammen. Sie sind zugleich Ermutigung und Ermächtigung zur Verantwortungsübernahme. Ungerechte Zustände sollen verlassen werden oder durch soziales, christliches und gesellschaftspolitisches Engagement so verändert werden, dass die Menschen von Betroffenen zu Beteiligten werden, von Objekten zu Subjekten ihrer Lebensgeschichte und ihrer Lebenswelt. Dafür brauchen die Menschen gerechte gesellschaftspolitische Bedingungen, Teilhabe, Sicherheit, gesunde Ernährung und Bildung. Dazu gehören auch körperliche, seelische und geistige Unterstützung. Diakonie und Seelsorge, alltagstaugliche Verkündigung und gemeinschaftliches Handeln haben hier eine miteinander verbundene Aufgabe zu bewältigen, die nur im klugen und besonnenen Zusammenspiel gelingen kann.

Den Leib Christi leben

Nach paulinischem Verständnis (Römer 12,4–6; 1. Korinther 12,12–27) gehören die Menschen mit ihren unterschiedlichen Lebenserfahrungen, Lebensformen, Fähigkeiten und Begabungen alle zum einen Leib Christi. Nur gemeinsam kann der Leib Christi christliches Leben lebendig verkörpern und glaubwürdig ausstrahlen. Gleichwohl sind die Glieder unterschiedlich. Sie haben verschiedene Funktionen, Qualitäten, Kontexte, Lebensgeschichten und Nöte und bilden gerade in ihrer Vielfalt die Einheit der christlichen Gemeinschaft ab.

Für mich ist dieses Leitmotiv zentral, um die Menschen in ihren Unterschieden wahrzunehmen und als gleichwertige Teile des Leibes Christi anzuerkennen und willkommen zu heißen. Ausgrenzung, Abwertung und Verdammnis gehören nicht dazu. Wohl aber Achtung vor den anderen, Offenheit und Gastfreundschaft. Nur so können auch Menschen angesprochen und berührt werden, die bisher G:ttes befreiende Botschaft noch nicht erlebt haben – diesseits und jenseits der Kerngemeinde. Diejenigen, die anders leben, eine andere Sprache sprechen, eine andere Hautfarbe haben, kulturell und religiös ganz unterschiedliche heilige Schriften und Symbole kennen oder religiös unmusikalisch sind, sie alle sind Suchende und Pilger:innen auf ihrem Lebensweg. Indem christliche Begegnungsräume zu Rastplätzen und zu Schutzräumen werden, in denen Menschen sich gegenseitig Lebensgeschichten erzählen und etwas voneinander lernen, kann der Leib Christi wachsen und nach innen und außen wirken. Auch Gottes Nächsten- und Feindesliebe können dadurch konkret wirksam werden. Seelsorge, die dieses Bild christlicher Gemeinschaft bedenkt und ernst nimmt, trägt aktiv dazu bei, dass Menschen sich trotz oder gerade wegen ihrer Unterschiedlichkeit in Freude und im Leid zugehörig fühlen können.

In der Taufe nicht mehr männlich noch weiblich sein
»Da ist nicht mehr jüdisch noch christlich, da ist nicht mehr versklavt noch frei, da ist nicht mehr männlich noch weiblich. Denn alle seid ihr eins in Christus!« (Gal 3,28).

An dieser Stelle des Galaterbriefs zitiert Paulus eine ältere urchristliche Taufformel. In dieser Formel werden Griechen und Juden, Herren und Sklaven, Frauen und Männer nicht mehr auf soziale, kulturelle oder religiöse Rollen festgelegt, sondern alle gemeinsam ohne Unterscheidung in Stellung und Stand in die Nachfolge Christi berufen. Das war nicht nur eine zukünftige Vision, sondern wurde zu einer normüberschreitenden Aktivität, die urchristliche Gemeinschaften auszeichnen sollte. Alle Geschlechts-, Religions- und Klassenunterschiede galten durch die Taufe als überwunden. Die Taufe realisierte sozusagen bereits anteilig himmlische Verhältnisse auf Erden: real, konkret und erlebbar – zumindest in christlichen Gemeinden. Diese urchristliche Taufformel bildet bis heute eine wichtige Grundlage für geschlechtersensible Überlegungen.

»Denn ihr seid alle eins in Christus und Erben der Verheißung!«, heißt es bei Paulus weiter (Gal 3,29). Die durch den Heiligen Geist gewirkte Kraft der Taufe überwand damals Normen und Grenzen und sie lädt auch heute noch dazu ein.

Zur Freiheit berufen
»Zur Freiheit seid ihr berufen!« – So heißt es im Galaterbrief weiter (Gal 5,13). Und zwar nicht zur Freiheit der Beliebigkeit, sondern zur Freiheit, G:ttes Liebe in ganz verschiedenen Stimmen, Bildern und Geschichten zu bezeugen, weiterzugeben und selbst zu leben. Damit öffnen Menschen Räume, um im Geist der Fürsorge und Achtung ihr Leben zu leben. Das heißt für mich: achtsam mit sich selbst und anderen umzugehen und ressourcenorientiert zu handeln. Es bedeutet, einander zu achten und nicht zu bevormunden, einander zu unterstützen und nicht übergriffig zu werden, Freiräume für ein fröhliches und buntes Miteinander zu gestalten und zu schützen.

Ziel ist es, ein Stück Weg miteinander zu gehen, die Seelsorgesuchenden bei Klippen und Hindernissen zu begleiten und die befreiende Botschaft des Evangeliums erfahrbar zu machen. Es geht um Angebote, die Freiräume öffnen, und nicht um dogmatische Belehrung. Es geht darum, G:ttes Zuspruch erlebbar zu machen und G:ttes Liebe weiterzugeben. Denn sie ist den Menschen von G:tt zuerst geschenkt worden, ohne dass Menschen dafür etwas tun müssten.

Kraft, Liebe und Besonnenheit aktivieren
»G:tt hat uns nicht gegeben den Geist der Furcht, sondern den der Kraft, der Liebe und der Besonnenheit« (2. Tim 1,7).

Wenn Seelsorger:innen Kraft, Liebe und Besonnenheit als Ressourcen für sich mit in Seelsorgegespräche nehmen und aktivieren können, haben sie neben Demut und Gottesglaube ein gutes geistliches Rüstzeug, auch wenn sie Zweifel und Verzweiflung überkommen. Tod und Sterben, Unrecht, Krankheit und Not sind Themen, die Seelsorger:innen regelmäßig begleiten. Deshalb ist die Arbeit mit den eigenen Ressourcen und den persönlichen Widerstandskräften wichtig. Die Reflexion der eigenen Rolle und der persönlichen und professionellen Grenzen ist eine mitlaufende Aufgabe, die nicht aufhört, solange Seelsorge geschieht.

4 Annäherung an queertheologische Ansätze

»Queer« ist ein englisches Wort und eigentlich ein Schimpfwort für Lesben, Schwule und alle, die im Hinblick auf ihre Sexualität oder Geschlechtsidentität anders sind. »Queer« heißt auf Deutsch so viel wie schräg, pervers, seltsam. Seit den 1980er und 1990er Jahren haben LSBTIQ+-Personen den Begriff für sich in eine positive Ressource umgewandelt. Queer dient als Selbstbeschreibung für all diejenigen, die sich nicht in heteronormativen Kategorien von Sexualität und Lebensformen und/oder sich nicht in binär aufgeteilten Geschlechtsidentitäten wiederfinden. Der Begriff »queer« überschreitet diese Normen und Kategorien bewusst, verflüssigt und erweitert sie.

In diesem Sinn sind queere Theologien keine theologische Disziplin, sondern umfassen verschiedene theologische Forschungsperspektiven. Sie reflektieren Erfahrungen von Menschen, die aufgrund ihrer sexuellen Orientierung oder einer nichtbinären Geschlechtsidentität Ausgrenzung oder Zurücksetzung erleben oder als anders abgestempelt werden. Insofern sind queere Theologien kontextbezogen und konkret. Sie verkörpern kritische Reflexionsansätze und Suchbewegungen im Plural.

Queere Forschungsperspektiven sind darauf ausgerichtet, scheinbar selbstverständliche heteronormative Vorstellungen von Sexualität und Geschlechtsidentitäten zu hinterfragen und Grenzen zu überschreiten, also zu »queeren« (vgl. Söderblom 2020b, S. 146–150). Dabei werden auch patriarchale Machtstrukturen und hegemoniale Männlichkeitsbilder aufgedeckt (vgl. Söderblom (2009, S. 71 ff.).

In Ansätzen queerer Theologien werden sexuelle Vielfalt und diverse Geschlechtsidentitäten nicht mehr länger defensiv gerechtfertigt, sondern als gegeben vorausgesetzt (vgl. Tonstad 2018). Im Hinblick auf den biblischen

Befund werden daher im Schwerpunkt nicht die wenigen Bibelstellen betrachtet, die sich zu gleichgeschlechtlichen Sexualpraktiken äußern. Sie heißen auf Englisch »Clobber Passages«, wörtlich »Knüppelpassagen« oder »Totschlagtexte« gegen Homosexualität, wie sie in Levitikus 18,22; Levitikus 20,13; Deuteronomium 23,17; Römer 1,18–32; 1. Korinther 6,9–10 und 1. Timotheus 1,9–10 zu finden sind. Die Texte stehen überwiegend im Kontext von Prostitution, Knabenliebe und homosexuellen Sexualkontakten verheirateter Männer in jener Zeit. Sie werden von den meisten bibelwissenschaftlich und exegetisch Forschenden für die Kontexte lesbischer, schwuler und bisexueller Beziehungsformen des 21. Jahrhunderts als nicht aussagekräftig angesehen (vgl. Plisch 2016, S. 23–31; Lings 2013; Greenough 2020, S. 97–100).

Stattdessen werden die Menschen von der biblischen Gottesebenbildlichkeit her verstanden (Genesis 1,27 f.). Die Gottesebenbildlichkeit verbürgt die Einzigartigkeit und Würde aller Menschen – unabhängig von Herkunft, Hautfarbe, Alter, körperlicher Befähigung, Geschlechtsidentität und sexueller Orientierung. Außerdem werden Menschen mit ihren verschiedenen Lebensformen und Geschlechtsidentitäten vom biblischen Doppelgebot der Liebe (Markus 12,29 ff.; Matthäus 22,34–40; Lukas 10,25–28) her betrachtet. Das Gebot von Gottesliebe, Nächstenliebe und Selbstliebe unterschiedet nicht zwischen einzelnen Personen. Es fordert alle individuell und kollektiv zu Respekt und Akzeptanz auf.

Darüber hinaus werden sozial-, kultur- und sprachgeschichtliche Forschungen vorangetrieben und hermeneutische Perspektivwechsel eingeübt. Diese Arbeit wird als queere Re-Lektüre biblischer Texte bezeichnet.

Queere Bibelauslegungen vollziehen exegetische und hermeneutische Arbeitsschritte bewusst aus queerer Perspektive (vgl. Söderblom 2020a, S. 11–73). Sie nutzen sprachliche Vielschichtigkeit, literarische Zwischenräume, Ungesagtes und Leerstellen in den biblischen Texten, um auf die schöpferische Auslegungsarbeit jeder Bibellektüre hinzuweisen. Sie markieren ihre Auslegungsperspektiven bewusst als intersubjektive Resonanzräume zwischen antiken biblischen Texten und queeren Kontexten des 21. Jahrhunderts. Biblische Texte werden undogmatisch und provokant quergebürstet und auf uneindeutige Körper- und Geschlechterdarstellungen hin untersucht. Homoerotische Spuren in Bibeltexten werden aufgespürt und kontextualisiert. Ergebnisse queerer Re-Lektüren und Recherchen werden interdisziplinär und intersektional mit Ergebnissen anderer Forschungszweige (wie z. B. Antisemitismus-, Antidiskriminierungs-, Kolonialismus- und Armutsforschung) verbunden und aufeinander bezogen (vgl. Söderblom 2021a, S. 167 f.).

WAHRNEHMEN

II Kontext

1 »Outside the box«[4]

Lesben, Schwule, Bisexuelle, trans*, inter* und queere Menschen (LSBTIQ+) leben in Deutschland im kirchlichen Umfeld für viele immer noch »outside the box«, außerhalb genormter Vorgaben hinsichtlich ihrer Lebensformen und Geschlechtsidentitäten. In den letzten dreißig Jahren ist in den evangelischen Landeskirchen in Deutschland allerdings viel passiert. Mittlerweile können in den meisten Landeskirchen lesbische und schwule Paare im kirchlichen Gottesdienst getraut oder zumindest gesegnet werden (vgl. Verband der Evangelischen Studierendengemeinden in Deutschland 2019, S. 13–16). LSBTIQ+-Pfarrpersonen müssen nicht um ihren Arbeitsplatz fürchten, wenn sie offen zeigen, mit wem sie zusammenleben, oder wenn sie nicht in eine binäre Geschlechtsidentität hineinpassen. Aber die Schwierigkeiten im Umgang mit den Themen rund um verschiedene Lebensformen und diverse Geschlechtsidentitäten sind vielerorts bestehen geblieben.

Hitzige Debatten vor allem rund um den Umgang mit Bibelstellen zur Homosexualität wiederholen sich und verändern sich kaum. Einstellungen zur Bibelauslegung und den Schlussfolgerungen daraus bleiben umstritten.

2 Lernwege

Kirche als Organisation hat aus den Debatten der letzten dreißig Jahre einiges gelernt. Seit den 1980er Jahren ist fast in jeder evangelischen Landeskirche in Deutschland auf regionalen und landeskirchlichen Synoden (Kirchenparlamenten) über Beurteilung und Umgang mit verschiedenen Lebensformen und

---

[4] Dieses Kapitel ist ein aktualisierter und überarbeiteter Ausschnitt aus einem Artikel, den ich im Onlinemagazin futur2 erstmals veröffentlicht habe (vgl. Söderblom 2020c).

Geschlechtsidentitäten gestritten worden. Die Themen sind hin und her diskutiert und in theologische Ausschüsse überwiesen worden. Es gab Meinungsumfragen in Kirchenvorständen und kirchlichen Gruppen. Stellungnahmen und Orientierungshilfen der Evangelischen Kirche in Deutschland (EKD) und den Landeskirchen wurden veröffentlicht, heftig diskutiert, revidiert und erneut debattiert. Das Ganze schien stets in aufgeregten Dauerdebattierschleifen stecken zu bleiben, ohne dass sich etwas an den Positionen änderte. Erst als haupt- und ehrenamtliche LSBTIQ+-Mitarbeitende in Ausschüssen und auf Synoden angehört wurden und nicht mehr nur über sie geredet wurde, begann sich etwas zu verändern. Seitdem sind auf dem Gebiet vielfältige Transformationsprozesse im Gang.

3 #OutInChurch

Im Umfeld der römisch-katholischen Kirche in Deutschland ist in den letzten Jahren ebenfalls einiges passiert.[5] Insbesondere in den letzten beiden Jahren überschlugen sich die Ereignisse. Im Mai 2021 wurden in über hundert katholischen Gemeinden deutschlandweit unter dem Titel #LiebeGewinnt Segensgottesdienste gefeiert, in denen ausdrücklich auch gleichgeschlechtliche Paare eingeladen und gesegnet wurden. Im Januar 2022 wurde in der ARD der Dokumentarfilm »Wie G:tt uns schuf: Coming-out in der katholischen Kirche« ausgestrahlt. 125 katholische Christ:innen hatten sich im Rahmen der Aktion #OutInChurch als queer und christlich geoutet. Einige von ihnen wurden in dem Film vorgestellt. Flankiert wurde die Aktion mit einem breiten Auftritt in den sozialen Medien, bei dem alle Beteiligten auf Fotos Gesicht zeigen und mithilfe eines Kernsatzes mitteilen, warum sie an der Aktion #OutInChurch mitmachen (vgl. Brinkschröder/Ehebrecht-Zumsande/Gräwe/Mönkebüscher/Werner 2022; siehe auch Gräwe/Johannemann/Klein 2021). Seit Januar 2022 sind noch über 300 weitere queere Katholik:innen hinzugekommen, die sich der Aktion angeschlossen haben. Diese Form der öffentlichen Wahrnehmungen des Themas hat es bisher in der römisch-katholischen Kirche in Deutschland noch nicht gegeben. Verschiedene Bistümer haben als Reaktion darauf bereits signalisiert, dass die Beteiligten keine arbeitsrechtlichen Konsequenzen zu befürchten haben. Auch die Einrichtung von queersensiblen Pastoralangeboten schreitet in den Bistümern voran. Im Bistum Mainz sind im April 2022 beispielsweise zwei Pastoraltheolog:innen für die Regenbogenpastoral offiziell berufen worden (vgl. Bistum Mainz 2022). Beim Katholik:innen-

---

5 Über die Situation von queeren Gläubigen in der römisch-katholischen Kirche weltweit berichtet der Katalog zur gleichnamigen Ausstellung »Verschaffe mir Recht!« anhand von autobiografischen Zeugnissen (vgl. Ökumenische Arbeitsgruppe Homosexuelle und Kirche (HuK) e. V. 2018).

tag Ende Mai 2022 haben Akteure von #OutInChurch auf mehreren Podien und in anderen Formaten ebenfalls viel Aufmerksamkeit für ihre Anliegen erhalten.

Dennoch ist es in zahlreichen christlichen Gemeinden unabhängig von ihrer Konfession nach wie vor nicht möglich, als kirchliche Mitarbeitende die eigene Lebensform offen zu leben. Aus Angst vor Abwehr und Vorurteilen outen sie sich nicht. Zu viele haben in ihrem Leben gerade im kirchlichen Umfeld bereits Ausgrenzung und Erniedrigungen erfahren, wenn sie sich offen gezeigt haben. Psychisch und physisch belastende Notlügen und Doppelleben sind die Folge (vgl. Lesben- und Schwulenverband Deutschland (LSVD) 2021). An anderen Orten gehen haupt- und ehrenamtlich Aktive dagegen mittlerweile völlig unaufgeregt mit diesen Themen um.

4 Pluralisierung der Lebensformen und Geschlechtsidentitäten

Der Umgang mit oben genannten Themen ist vielerorts entspannter geworden. Vor allem die Begegnung mit real existierenden LSBTIQ+-Mitarbeitenden und ehrenamtlich Aktiven in Gemeinden und kirchlichen Einrichtungen hat gezeigt, dass sich Ablehnung und Vorbehalte über die Zeit verringern, wenn Menschen sich im Alltag begegnen oder miteinander arbeiten. Sobald Vorurteile auf real existierende Menschen treffen und diffuse Vorstellungen durch konkrete Erfahrungen ersetzt werden, löst sich so manche Befürchtung in Luft auf.

Offen lesbisch, schwul und bisexuell lebende Gemeindeglieder, Pfarrer:innen und kirchliche Mitarbeitende haben in den letzten dreißig Jahren mit ihrer Präsenz die Einstellung von Kirchenleitungen und vielen Gemeindegliedern verändert (vgl. Söderblom 2013). Ebenso begannen Pfarrleute und andere, im kirchlichen Umfeld mehr oder weniger offen mit ihrer Transition umzugehen. Dadurch wurde das Thema »Transidentität« vielerorts sichtbar und besprechbar.[6]

Zudem gibt es mittlerweile auch immer mehr Regenbogenfamilien, in denen lesbische, schwule oder queere Paare als Patchworkfamilien mit Kindern zusammen im Pfarrhaus oder im kirchlichen Umfeld leben. Zwar gibt es auch hier Probleme und Vorbehalte zu bearbeiten und Konflikte zu bewältigen. Aber es gibt auch immer mehr Beispiele, bei denen Regenbogenfamilien im Gemeindeleben freundlich aufgenommen werden. Die Pluralisierung der Lebensformen und die Verflüssigung von binären Geschlechtsidentitäten bilden sich, zwar mit Verzögerung, auch im kirchlichen Umfeld immer deutlicher ab.

---

6   Zum Beispiel die Pfarrerin Elke Spörkel, über die der Film »Wenn Herr Pfarrer zur Pfarrerin wird: Elke kämpft um ihre Gemeinde« gedreht wurde. Er wurde am 26.07.2020 in der ARD ausgestrahlt (vgl. auch Schreiber 2016; Lüdtke 2017; EKHN 2018; Wolfrum 2019).

5 Vorbilder in gelebter Selbstannahme

Der wichtigste Schritt für diese transformative Entwicklung kam von den Betroffenen selbst. Sie weigerten sich, weiterhin nur als Problemfälle in einer ansonsten heteronormativen und zweigeschlechtlichen Welt dargestellt zu werden. Stattdessen zeigten sie selbstbewusst, dass die Öffnung von Kirchen und kirchlichen Räumen für LSBTIQ+ dazu führte, dass kirchliche Einrichtungen und Kirchengemeinden bunter, fröhlicher und menschlicher wurden. Außerdem machten sie deutlich, dass LSBTIQ+-Pfarrpersonen und kirchliche Mitarbeitende, die offen zu ihrer Lebensform und Geschlechtsidentität stehen, ein Vorbild in gelebter Selbstannahme darstellen (vgl. Häneke 2019). Denn Menschen, die in Gemeinden offen zu sich selbst stehen, haben bereits über das komplexe und oft schwierige Verhältnis von Glauben, Geschlechtsidentität und Sexualität reflektiert und dazu Stellung bezogen. Gerade für junge Menschen, die auf der Suche nach ihrer Geschlechtsidentität und nach ihrer eigenen Glaubens- und Lebensform sind, sind sie ermutigende Vorbilder.[7]

LSBTIQ+-Personen in Kirchengemeinden und kirchlichen Einrichtungen haben Erfahrungen anzubieten, die wichtige Ressourcen im Zusammenleben sind:
- Körperwissen darüber, wie es ist, sich anders zu fühlen und am Rand zu stehen: Es lehrt Sensibilität, Achtsamkeit und Wertschätzung gegenüber allen, die sich verunsichert oder heimatlos fühlen.
- Erfahrungswissen über das Leben von Minderheiten: Es lehrt Respekt und Achtung unabhängig von Hautfarbe, Herkunft, Alter, Geschlechtsidentität, sexueller Orientierung und körperlicher Befähigung.
- Stresswissen über Notlügen und Doppelleben: Es ermahnt dazu, andere nicht mit selbstgerechter Überheblichkeit und moralischem Druck entgegenzutreten, sondern Menschen zuzuhören und sie ohne Bewertung wahrzunehmen.

Menschen mit diesem Erfahrungswissen vermitteln deutlich, dass nichts an ihnen defizitär oder falsch ist, sondern dass sie, wie alle anderen auch, G:ttes Ebenbilder sind. Sie leisten damit theologische Grundlagenbildung und praktische Seelsorge.

---

[7] So z.B. der YouTube-Kanal »Anders Amen« der beiden lesbischen Pastorinnen und Sinnfluencerinnen Ellen und Stefanie Radtke aus Eime in Niedersachsen, den es seit 2019 gibt und auf dem wöchentlich neue Videos erscheinen (https://www.youtube.com/channel/UC-8GQAXuJ_DpNg6hu1HHM73w).

6 Respektvolle Begleitung und Seelsorge als Initialzündung für Engagement

Insbesondere Jugendliche und junge Erwachsene haben nach wie vor Angst, sich in Schule, Hochschule, am Ausbildungsplatz oder in der Peergruppe zu outen. Sie fürchten Häme, Beleidigungen oder sogar Gewalt. Die Suizidrate ist bei ihnen um ein Vielfaches höher als bei heterosexuellen Jugendlichen (vgl. Schinzler 2018; Söderblom 2015, S. 259–270). Wenn junge Menschen aber sehen, dass lesbische oder schwule Pfarrer:innen oder nichtbinär lebende Pfarrer:innen und kirchliche Mitarbeitende selbstbewusst mit ihrer Lebensform oder Geschlechtsidentität umgehen und gleichzeitig in der Gemeinde geachtet sind, ist das für viele ermutigend. Sie erkennen, dass es nicht schlimm oder falsch ist, anders zu sein. Dies gilt auch für die Hochschulseelsorge in den christlichen Hochschulgemeinden. Aus Rückmeldungen der Ratsuchenden zeigt sich, dass die Schwelle niedriger ist, sich bei queeren Pfarrer:innen in der Sprechstunde zu melden und über ihre Probleme zu reden. Dort fürchten sie weder Moralpredigt noch Strafe. Dadurch kann in der seelsorglichen Begleitung oft schon präventiv geholfen werden. Die Jugendlichen und jungen Erwachsenen werden ermutigt, für sich selbst einzustehen. Nicht selten engagieren sich einige danach bei gemeindlichen Aktionen und queersensiblen Projekten.

Aber nicht nur für Jugendliche ist es bedeutsam, von LSBTIQ+-Pfarrpersonen und Mitarbeitenden zu wissen. Aus meiner eigenen Seelsorgepraxis weiß ich, dass viele Studierende und ältere Erwachsene, die mit ihrer Lebensform oder Geschlechtsidentität Probleme haben oder in anderer Weise auf der Suche sind, gern zu jemandem gehen, den sie für offen, wertschätzend und undogmatisch halten. Wer Angst hat, in einem Gespräch von einer Pfarrperson für sündig oder krankhaft gehalten zu werden, öffnet sich nicht. Wer positive Erfahrungen im kirchlichen Kontext macht und sich dort willkommen fühlt, ist motiviert, wiederzukommen und sich zu engagieren. Insofern ist es aus ganz verschiedenen Gründen interessant, genauer zu verstehen, was queersensible Seelsorge ist, wie sie in unterschiedlichen Kontexten umgesetzt werden kann und welche Auswirkungen sie auf pastoraltheologische Überlegungen insgesamt hat. Genau das soll hier geschehen.

III Fallbeispiele

Ich stelle in diesem Kapitel fünf Seelsorgefälle als verdichtete Fallbeispiele vor, die ich von 2020 bis 2022 als Hochschulpfarrerin begleitet habe.[8] Alle Beispiele sind anonymisiert und im Hinblick auf biografische Angaben stark verfremdet, um das Seelsorgegeheimnis (vgl. EKD 2009) zu wahren. Die Zitate in den Fallbeispielen (kursiv gedruckt) kommen aus verschriftlichten Gesprächsprotokollen (Verbatims), die ich im Anschluss an die Seelsorgegespräche notiert habe. Sie sind keine wörtlichen Transkriptionen, sondern aus der Erinnerung aufgeschriebene Rekonstruktionen. Sie beinhalten Verkürzungen, Lücken und thematische Verknüpfungen. Diese werden in der Arbeit mit Verbatims bewusst in Kauf genommen, da sie die Verwobenheit der Seelsorgerin mit dem Geschehen aufzeigen. Es wird in den Fallbeispielen folglich meine subjektive Erinnerung an die Gespräche wiedergegeben und nicht, wie die Gespräche tatsächlich abgelaufen sind.

1. Fallbeispiel: »Ich weiß nicht, wie ich es sagen soll!«

1.1 Begegnung

Es war an einem Mittwochnachmittag. Ich bereitete mich gerade auf einen Abendgottesdienst vor. Ein Seelsorgegespräch war für eine Viertelstunde später verabredet. Da klopfte es an der Tür. Die Chemiestudentin J. öffnete meine Bürotür. Sie trug Maske und blieb auf der Schwelle stehen. Sie war zu früh gekommen, das wusste sie. Ich bat sie, auf unserem Ledersofa im Flur des ersten Stocks zu warten, bis ich meinen Computer heruntergefahren hatte. Während der Coronazeit boten wir vor allem Onlineseelsorge oder »Walk-and-Talk-Spaziergänge« an. In diesem Fall war bereits beim telefonischen Vorgespräch klar, dass beides nicht passte. Ich setzte einen Kaffee auf, füllte Wasser in Gläser, legte Kekse und Schokolade auf einen Teller und schloss den Seminarraum auf. Dort fanden in den Pandemiejahren unsere analogen Beratungsgespräche mit genügend Abstand statt. Die Studentin nahm mir gegenüber Platz am großen Tisch, bedankte sich für Wasser und Kaffee und nahm die Maske ab. Sie trank aus dem Wasserglas und hielt sich anschließend mit beiden Händen daran fest. Schweißperlen waren auf ihrer Stirn.

---

8 Vgl. zur Hochschulseelsorge insgesamt das »Handbuch Studierendenseelsorge« von Hirschberg/Freudenberg/Plisch (2022); konkreter zum Thema »verschiedene Lebensentwürfe und Gendergerechtigkeit in der Hochschulseelsorge« vgl. Ritter/Plisch (2022).

»Das Reden fällt mir nicht so leicht. Ich weiß gar nicht, wie ich anfangen soll«, brachte sie mühsam heraus.

»Keine Sorge, ich habe Zeit! Atmen Sie doch erst einmal tief ein und aus. Ihre Gedanken müssen auch nicht sortiert sein. Fangen Sie einfach an zu erzählen, wie es gerade kommt!«, erwiderte ich und schaute sie aufmunternd an.

Sicherer Rahmen: Schweigepflicht
Sie holte tief Luft: »Alles, was wir hier sagen, bleibt unter uns, oder?«
Ich bestätigte ihr, dass das Gespräch der Schweigepflicht unterliegt.
Da schluckte sie, atmete noch einmal tief ein und begann: »Ich glaube, ich bin lesbisch und habe Schiss, es meinen Eltern zu erzählen. Und in meiner Wohngemeinschaft weiß ich auch nicht, wie ich es den anderen sagen soll! Es muss hier alles unter uns bleiben, sonst flippe ich aus!«
Ich nickte ihr verständnisvoll zu.

Endlich erzählen dürfen – und jemand hört zu
In der nächsten halben Stunde fragte ich nach, hörte aufmerksam zu, ermutigte sie, weiterzuerzählen, und erfuhr nach und nach Bruchstücke ihrer Geschichte: Sie war als Jugendliche in einer freikirchlichen Gemeinde aktiv gewesen und religiös geprägt worden. Die Eltern hatten sie schon früh zur Freikirche mitgenommen. Eigentlich fühlte sie sich dort wohl, aber schon vor dem Abitur spürte sie, dass sie in gewissen Dingen nicht in die Gemeinde hineinpasste. Sie wollte nicht heiraten und Kinder bekommen. Sie wollte nicht nur brav sein und »Frauendinge« tun, wie sie es nannte. Sie wollte reisen, Abenteuer erleben und unabhängig sein. Nun studierte sie im vierten Semester Chemie und hatte den Kontakt zu ihrer Heimatgemeinde locker gehalten. Vor einigen Wochen hatte sie sich in eine andere Studentin verliebt. Seitdem stand ihr Leben auf dem Kopf.

Ängste benennen und Verständnis finden
J. holte tief Luft und fuhr fort: »Eigentlich ist das ja was ganz Tolles, dass ich mich verliebt habe. Und es kribbelt auch im Bauch und überall. Aber ich habe Schuldgefühle und Angst, dass es meine Eltern oder jemand aus meiner Gemeinde herausbekommen könnte! Ich bin doch eine Frau und habe mich in eine andere Frau verliebt. Das geht doch nicht! Das ist sündig! So heißt es ganz klar in unserer Gemeinde. Was soll ich denn jetzt bloß machen?«
Ganz atemlos hatte sie die letzten Sätze herausgepresst. Dann schluckte sie erschöpft, schaute mich an und fing an zu weinen. Ich reichte ihr ein Tempotaschentuch, nickte ihr verständnisvoll zu und wartete. Sie weinte weiter, schnäuzte sich irgendwann und trank einen Schluck Wasser.

»Ich habe einfach Angst, dass mein ganzes Leben auseinanderfällt und alle geschockt sein werden, wenn ich erzähle, dass ich mich in eine Frau verliebt habe!«

Ich nickte und erwiderte, dass ich ihre Sorgen gut verstehen könnte. Wir nahmen uns Zeit, zu schauen, wie ihre Sorgen konkret aussahen und was schlimmstenfalls passieren könnte.

Ich fragte nach Freund:innen und Leuten aus ihrem sozialen Umfeld, die auf ihrer Seite stehen. Eine beste Freundin gab es, die eingeweiht war. Sie wollte sie um Unterstützung bitten.

Dann erwiderte ich ruhig: *»Sie sind mutig und couragiert, dass Sie mir das alles erzählen. Und Sie haben Worte gefunden, Ihre Situation zu beschreiben. Dazu gratuliere ich Ihnen. Es ist ein ganz wichtiger Schritt, auch wenn die Angst da ist und vielleicht auch bleibt.«*

Sie antwortete, dass sie froh war, ausgesprochen zu haben, was sie bedrückt hatte.

Sich Zeit nehmen

Ich erwiderte: *»Sehen Sie, die ersten Schritte sind die schwersten. Alles andere kommt nach und nach. Sie geben das Tempo und den Rhythmus vor. Und Sie müssen nicht mehr sagen, als Sie wollen und können. Punkt.«*

Erleichtert schaute sie mich an und beeilte sich mir zu sagen, dass sie noch ganz viele Fragen habe und sich unsicher und verletzlich fühle. Ich bestätigte ihr, dass ich das gut verstehen könne, und vereinbarte mit ihr, dass sie von nun alle zwei Wochen zu mir in die Sprechstunde kommen könne. Dann würden wir ihre Fragen Schritt für Schritt bearbeiten und gleichzeitig schauen, ob, wie und wann sie wem von ihren Verliebtsein-Gefühlen berichten wollte oder eben nicht.

Ich ermutigte sie, nichts zu überstürzen und sich selbst erst einmal Zeit für die neue Situation zu geben. *»Genießen Sie die Zeit mit Ihrer Freundin. Und gleichzeitig verstehe ich auch Ihre Sorgen!«*

Ermutigung

J. bedankte sich und stand auf. Zum Abschluss sagte ich ihr: *»Ich möchte Ihnen als Pfarrerin gern etwas mit auf den Weg geben, wenn ich darf?«*

J. nickte mir zu und sah mich neugierig an:

»Sie sind gesegnet und ein Kind G:ttes, so, wie Sie sind! G:tt hat jeden und jede einzigartig geschaffen, wundervoll und anders. Das macht G:ttes Schöpfung aus, das macht sie spannend, vielfältig und bunt. Alles andere klärt sich nach und nach. Hauptsache, Sie passen gut auf sich auf!«

J. lächelte, bedankte sich erneut für das Gespräch und sagte: *»Können Sie mir auch bei den Bibelstellen helfen, bei denen es um Homosexualität geht? Das brauche ich für meine Gemeinde.«*

»Das können wir gern bei einem der nächsten Treffen besprechen«, erwiderte ich. *»Bringen Sie die Aussagen mit, die Sie in der Gemeinde dazu gehört haben. Dann schauen wir gemeinsam, was es dazu zu sagen gibt. Okay?«*

Reden gegen die Angst
In den nächsten Wochen trafen wir uns regelmäßig. J. erzählte mir, wovor sie beim Coming-out gegenüber Eltern, Gemeinde und Mitstudierenden Angst hatte. Wir übten mit Rollenspielen, was sie ihren Eltern und den anderen sagen wollte. Wir schauten nach ihren Stärken und Ressourcen, die sie einsetzen konnte, wenn sie nervös und unsicher war, und wie sie sich schützen konnte. Sie wurde immer flüssiger darin, von sich selbst und ihren Gefühlen zu sprechen, und wir feierten jeden Satz, den sie ihren Eltern im Rollenspiel sagen konnte.

Neue Heimat
Schließlich erarbeiteten wir eine kleine biblische Argumentationshilfe für ihre freikirchliche Gemeinde. Ich werde darüber in Kapitel V mehr schreiben.

Etwa ein halbes Jahr später ist J. bei ihren Eltern, in der Wohngemeinschaft und im Studiengang geoutet. Es gab gemischte Reaktionen. Aber alles in allem war sie vor allem froh, dass sie es ihnen gesagt hatte. Es fand auch schon ein Gespräch mit jemandem aus der Gemeinde statt. Das war schwierig. Aber es war ein Start. Mittlerweile ist J. so weit, dass sie sich gar nicht mehr abhängig davon fühlt, dass die Leute in der Freikirche sie gut finden.

»Ich kann auch gehen, wenn sie mich nicht akzeptieren«, sagte sie einmal trotzig. *»In der Hochschulgemeinde in Mainz habe ich ja eine neue Heimat gefunden!«*

In der Woche vor Ostern schauten wir uns einen Ostertext an, den ich geschrieben hatte. Es ist eine queere Annäherung an Ostern.

1.2 Queere Re-Lektüre der Ostergeschichte
Ostern[9]
Heraus drängen aus Mauern von Angst und Vorurteilen.
Steine wegwälzen aus Sachzwängen, Befindlichkeiten, engen Grenzen.
Sich endlich trauen, sich zu zeigen, Ich zu sagen, da zu sein, Platz einzunehmen.
So, wie ich bin.
So, wie G:tt mich geschaffen hat
und gesegnet.

---

9 Zuerst veröffentlicht in: Söderblom (2020a, S. 41 f.).

Ostern
Heraus aus den Grabhöhlen fester Vorstellungen
zeigt sich ein Mensch,
bekennt sich zu sich selbst.
Seht her, so bin ich!
Von G:tt gewollt und gesegnet.

Coming Out
Heraus aus den Gefängnissen von Normalitätsvorstellungen.
Was sollen denn die Nachbarn sagen?
Wie kannst du uns das antun?
Was haben wir bloß falsch gemacht?
Nicht mehr länger bereit sein, sich zu verstecken,
nicht mehr länger fähig, Masken zu tragen,
nicht mehr länger willig,
sich im Schrank zu verstecken.

Ostern
Da hat es uns einer vorgemacht.
Er ist herausgetreten aus Gewalt, Hass und Tod.
Er hat tödliche Erwartungshaltungen überwunden
und uns zugerufen: Seht, ich lebe, lebt ihr auch!

Coming Out
Heraustreten aus den Grabhöhlen von Vorurteilen, Verleumdungen.
Sich trauen, ich selbst zu sein, so, wie ich bin,
von G:tt geschaffen,
lesbisch, schwul, bi, trans*, inter*, queer,
ohne Schublade, ohne Etikett, ohne Normalitätssiegel
und gesegnet.
Einfach ich.
Heraustreten aus den Grabhöhlen von Vorurteilen.
Nicht nur an Ostern.

1.3 Resonanzen

Wir lasen das Gedicht mehrfach laut vor. Ich hatte es zweimal ausgedruckt. Einmal für J. und einmal für mich. Danach kreiste J. Worte ein, die nachklangen und hängen geblieben waren:

»Heraustreten aus Gefängnissen«, »Grabhöhlen von Vorurteilen«, »sich trauen«, »gesegnet«, »ohne Etikett«, »einfach ich«. Diese Worte las J. mehrfach laut vor und ließ sie nachklingen. Nach einer Weile erklärte sie, warum die Worte wichtig für sie sind. Das Gedicht zeige ihr, wie wichtig es sei, nicht an andere zu denken, sondern zu schauen, wie es einem selbst geht. Es habe ihr gezeigt, wie wichtig es sei, Luft zum Atmen zu haben, und wie befreiend, herauszusteigen aus engen Normenkorsetts und alles hinter sich zu lassen. Der Titel »Ostern« zeige ihr aber auch, dass alles seinen Preis habe. Schließlich sei Jesus ermordet und begraben worden, bevor er nach drei Tagen wieder auferstanden ist. Am Kreuz ging etwas zu Ende. Und dann kam etwas Neues, Verwandeltes, Hoffnungsvolles. So erlebe sie das zurzeit auch bei sich. Etwas in ihrem Leben gehe gerade zu Ende. Sie wolle sich nicht mehr länger verstecken und so tun, als wäre alles einfach und normal. Nichts sei mehr normal. Alles sei anders, und wie es weitergehe, wisse sie auch noch nicht. Aber die Erleichterung, aus einer staubigen Höhle voller Masken und Lügen auszusteigen, fühlte sich für sie gut an. Bis zu unserem nächsten Treffen schrieb sie ein eigenes Ostergedicht. Es wurde ihr Transformationsgedicht, das sie seitdem mit sich trägt und ihr Mut macht.

2. Fallbeispiel: »Ich trenne mich, um mich selbst wieder zu finden!«

2.1 Begegnung

Donnerstagabend. Die Seelsorgesuchende M. ist über 65 Jahre alt. Sie ist evangelisch, Rentnerin und ehrenamtlich in einer Kirchengemeinde in Rheinhessen engagiert. Aufgrund eines ökumenischen CSD-Gottesdienstes der ESG und KHG in Mainz und der queerfreundlichen Veröffentlichungen auf der Webseite der ESG hat sie den Kontakt zu mir als Seelsorgerin gesucht.

Wir trafen uns im Besprechungsraum in der ESG. Wasser und Tee standen auf dem Tisch, die Fenster waren geklafft, draußen war es warm. Pandemiebedingt war der Abstand durch zwei Tische zwischen uns gesichert. Wir trafen uns ein Jahr lang etwa alle sechs Wochen.

M. ist geschieden und Mutter mehrerer Kinder. Seit einigen Jahren hatte sie kürzere Beziehungen zu Frauen. Als sie das erste Mal zu mir kam, steckte sie mitten in der Trennung von einer Frau. Ihr Anliegen war es, mit mir gemeinsam an ihren Grenzen und Ängsten zu arbeiten.

Haltung: Empathie und Wertschätzung
»Ich weiß doch, dass die Trennung notwendig ist. Aber es ist so schwer, diesen Schritt zu gehen. In meinem Alter trennt man sich nicht mehr so leicht. Ich habe Angst, dass ich dann allein bleibe und nicht interessant genug bin. Ich bin nicht so sportlich. Da kann ich nicht mit Wandern und so was punkten.«

Ich zeigte M. von Anfang an, dass ich ihre Angst vorm Alleinsein gut verstehen konnte. Wir nahmen uns viel Zeit, Trauer und Ängste zu benennen, wie sie sich anfühlten und wie sie sie blockierten, zu handeln. M. spürte, dass ich ihre Ängste und ihren Stress verstand und anerkannte. Sie musste sich nicht rechtfertigen. Sie durfte einfach erzählen und es war okay so, wie es war.

Perspektivwechsel
Nach einiger Zeit fragte ich sie nach anderen Menschen, die in ihrem Leben wichtig sind. Es zeigte sich, dass sie gar nicht allein war.

»*Ich habe ja noch meine Kinder. Sie sind erwachsen und sie leben ihr eigenes Leben. Ich verstehe mich gut mit ihnen und sehe sie oft. Außerdem habe ich ein Enkelkind, das ich lieb habe. Und meine sozialen Kontakte gibts ja auch noch. Da bin ich gut eingebunden.*«

Sie war selbst erstaunt, wie viele Menschen in ihrem Leben wichtig sind.

»*Dann brauche ich meine komplizierte Beziehung ja gar nicht wirklich.*«

M. begann, die Perspektive zu wechseln. Sie hatte gar nicht gesehen, wie viele Menschen um sie herum waren und wie wichtig diese Sozialkontakte für sie sind. Das hatte sie vor lauter Fokussierung auf die schwierige Beziehung aus dem Blick verloren. Es schaffte ihr Erleichterung und die innere Freiheit, sich wieder als Einzelperson zu sehen und nicht nur als Anhängsel einer anderen Frau.

Ressourcen
Wir arbeiteten in den nächsten Sitzungen daran, welche Ressourcen sie hat, um wieder selbstständig zu werden. Musik, frische Luft und ihr Engagement in der Gemeinde stärkten sie. Da war sie sehr klar. Gleichzeitig betonte sie: »*Meine Hobbys sind wichtig. Aber es sind eben keine Liebesbeziehungen! Und wie soll ich denn als über 65-Jährige Frauen kennenlernen, die so wie ich auf Frauen stehen? Das wird doch nie was!*«

Auch diese Sorgen konnte ich gut verstehen und sagte das. Es war klar, dass ich ihr keine neue Beziehung herzaubern konnte. Niemand konnte das. Aber wir konnten gemeinsam überlegen, wo sie andere queere Frauen kennenlernen könnte: bei Veranstaltungen der queeren Bar in Mainz und bei queeren Gottesdiensten. Vielleicht wollte M. sich ja auch zukünftig ehrenamtlich in einer queeren Gruppe engagieren? In der Kirchengemeinde fühlte sie sich jedenfalls nicht mehr so zu Hause wie früher.

Queerfreundliche Treffpunkte sind für M. mittlerweile ganz wichtig geworden. Sie hat zwar noch keine neue Freundin, aber sie fühlt sich besser mit sich selbst und mit ihrem sozialen Umfeld.

Übung: Grenzen stärken und halten
In den Monaten danach begleitete ich sie dabei, sich endgültig von der Frau zu trennen, die ihr nicht mehr guttat. Wir übten, Grenzen zu ziehen, mit kleinen Gesten und klaren Worten, die wir im Rollenspiel übten. Wir sprachen über Vereinbarungen, wen sie anrufen würde und was sie machen wollte, statt sich mit ihrer ehemaligen Freundin zu treffen.

Ich fragte sie, wie sie am besten ihre Grenze zeigen könnte. Wir übten, einen sicheren Stand zu halten und sich im Boden gut zu verwurzeln.

Ich fragte, welche Menschen ihr dabei helfen könnten, Stopp zu sagen.

»*Meine Großmutter fällt mir da ein. Sie war eine starke und sehr liebevolle Persönlichkeit mit eigenem Kopf. Ich habe sie mir schon mal vorgestellt, als ich in einer schwierigen Situation war.*«

Ich fragte sie, wie sie sie dazuholen würde.

»*Na, ich würde sie auf meine Schulter setzen. Dann habe ich sie in schwierigen Situationen dabei und kann sie um Unterstützung bitten. So als Vertrauensperson und Schutzperson könnte ich mit ihr reden.*«

Das übte M. die nächsten Wochen. Sie steckte dafür sogar ein Foto ihrer Großmutter in ihr Portemonnaie, um es anschauen zu können, wenn sie Unterstützung brauchte. Es gelang ihr, sich von der Freundin zu trennen und danach einfach wegzugehen, statt sich wie davor immer wieder neu in emotionale Gespräche verwickeln und verstricken zu lassen. Ich bestärkte sie darin und feierte den Erfolg mit ihr.

Bestärkung: Ich bin, die ich bin!
Sie hatte Rückfälle, brauchte noch über ein halbes Jahr, um sich endgültig zu trennen. Aber sie schaffte es. Und das Wichtigste: Sie ging zu einer queerfreundlichen Bar und meldete sich als Freiwillige für Veranstaltungen.

»*Ich will meinen Weg gehen, treffe mich nun auch mit anderen Frauen und ich bin in verschiedenen Gruppen aktiv. Ich bin frei und kann machen, was ich will. Das tut mir gut!*«

In späteren Sitzungen sprachen wir darüber, was es für sie heißt, dass sie erst so spät ihr Coming-out hatte. Lange hatte M. das Gefühl, dass sie nicht normal sei. Nicht richtig hetero, nicht richtig homo. Sie passte nicht in die queere Szene, aber auch nicht wirklich in eine herkömmliche evangelische Gemeinde. Sie war Mutter, geschieden, verliebte sich in Frauen, fühlte sich irgendwie anders und passte nirgendwo hin.

Einige lesbische Freundinnen hatten M. lange Zeit weiterhin als heterosexuell angesehen, da sie ja verheiratet gewesen war und Kinder hatte. Und in der Gemeinde hatten einige Schwierigkeiten damit, dass sie ihren Ehemann verlassen hatte, um mit einer Frau zusammen zu sein. Sie schlug sich mit Schuld- und Schamgefühlen herum.

Wir nahmen uns dafür Zeit, dass sie ihre Gefühle benennen konnte, ohne sich zu schämen. Ich ermutigte sie, ihren Gefühlen freien Lauf zu lassen. Es half ihr, trotz aller Schwierigkeiten die zu sein, die sie war, und nicht eine, die sie in den Augen von anderen sein sollte. Dafür arbeiteten wir mit der biblischen Geschichte von Jakob und seinen Schuld- und Schamgefühlen.

2.2 Queere Re-Lektüre der Jakobsgeschichte

Jakob[10]

Zum Hintergrund: Jakob, der Sohn von Rebekka und Isaak, lebte in Beerscheba, einer Stadt in Kanaan. Er hatte sich durch eine List den Erstlingssegen von seinem Vater ergaunert. Eigentlich hätte dieser Segen nach damaliger Tradition seinem zuerst geborenen Zwillingsbruder Esau zugestanden. Aber Jakob wollte den Erstlingssegen unbedingt haben. Denn daran hingen Macht, Existenzsicherung und Gottes Schutz. Mithilfe seiner Mutter Rebekka überlistete Jakob seinen Vater Isaak und überzeugte ihn, dass er Esau sei. Jakob bekam den Segen vom Vater zugesprochen (Genesis 27,28 f.).

Als sein Zwillingsbruder Esau von dem Betrug erfuhr, drohte er damit, Jakob zu erschlagen. Jakob musste fliehen und reiste zu seinem Verwandten Laban von Beerscheba nach Aram ins Land der Aramiter. Dort arbeitete er insgesamt 14 Jahre für Laban und bekam in einer polygam organisierten Großfamilie mit seinen zwei Frauen Leah und Rahel und seinen Mägden Bilha und Silpa insgesamt zwölf Söhne (Genesis 29,1–30,24). Danach verließ er Laban mit seinen Frauen, Kindern, Mägden und seinem gesamten Herdenbestand wieder (Genesis 31).

Am Jabbok

Als Jakob den Rückweg in seine alte Heimat nach Kanaan antrat, wurde ihm bewusst, dass er dort vermutlich wieder auf seinen Bruder Esau treffen würde. Daraufhin sandte er Boten aus, um sich anzukündigen. Die Boten kamen zurück und berichteten, dass Esau ihm bereits mit vierhundert Mann entgegenkam. Da bekam Jakob Angst um sein Leben. Er teilte seine Familie, seine Arbeiter und Mägde, Schafe, Ziegen und Kamele in zwei Herden auf und schickte sie in unterschiedliche Richtungen davon, um zumindest einen Teil seines Besitzes vor dem befürchteten Angriff seines Bruders schützen zu können. Jakob gab den beiden Anführern seiner Herden jeweils eine große Anzahl von Geschenken für Esau mit, um ihn zu beschwichtigen. Er selbst blieb zurück und verbrachte die Nacht am Fluss Jabbok.

In der Nacht überraschte ihn ein Unbekannter. Der Fremde kam aus dem Nichts. Jakob wusste weder, wer er war, noch, woher er kam. Sie kämpften die ganze Nacht

---

10 Zuerst veröffentlicht in: Söderblom (2020a, S. 65–67).

miteinander (Genesis 32,23–33). Keiner der beiden gewann den Kampf, aber es verlor ihn auch keiner. Zum Ende hin verletzte der Fremde Jakob so sehr am Hüftgelenk, dass Jakob für den Rest seines Lebens humpeln musste. Jakob schrie den Fremden an, dass er ihn nicht loslassen würde, bevor der ihn nicht segnete. Der andere fragte Jakob stattdessen nach seinem Namen und gab ihm den neuen Namen »Israel« (»Gottesstreiter«). Seinen Namen gab der Fremde nicht preis, aber er segnete Jakob. Dieser nannte den Ort des Kampfes »Pnuel« (im Angesicht G:ttes). Jakob wusste also, dass er mit G:tt gekämpft hatte.

Traditionelle Auslegungen
In traditionellen Auslegungen wird davon ausgegangen, dass Jakob mit G:tt selbst gekämpft hat und dass der vorher erschlichene Erstlingssegen durch G:ttes Segen endlich anerkannt wird. Jakob geht aus dem Kampf gestärkt für die Begegnung mit Esau hervor. Das ist für traditionelle Bibelauslegungen wichtig, denn Jakob gilt – genauso wie Abraham und Isaak – als Ahnherr des Davidischen Geschlechts und damit als Ahnherr von Jesus.

Queere Re-Lektüre
Eine queere Re-Lektüre dieser Bibelstelle rekonstruiert aus dieser Geschichte noch eine andere Spur: Jakob kämpft eine ganze Nacht mit einem fremden Menschen. Jener wird im biblischen Text als unbekannter Mann vorgestellt. Dieser Zweikampf kann als (homo-)erotisch gesehen werden. Die beiden Männer wälzen sich im Matsch und kämpfen körperlich miteinander. Der Kampf hat ein offenes Ende und bleibt ohne Sieger. Dennoch oder gerade deswegen wirkt die körperliche Begegnung verstörend und zutiefst existenziell. Der Unbekannte bleibt geheimnisvoll und jenseits einer zuweisbaren Geschlechtsidentität oder Rollendefinition. Obwohl der Fremde als Mann eingeführt wird, wirkt er in seiner unbestimmten Erscheinung als ein Wesen jenseits aller Geschlechterkategorien.

Auch in der queeren Bibelauslegung wird der Unbekannte mit G:tt identifiziert. G:tt erscheint in dieser Szene allerdings nicht als der Abwesende, Distanzierte, ewig Unberührbare, wie er in theologischen Lehrsätzen oft dargestellt wird, sondern als nahbar, berührbar, körperlich präsent. G:tt wird spürbar und macht sich verletzlich, obwohl er gleichzeitig geheimnisvoll bleibt. Die Re-Lektüre zeigt einen G:tt, der sich schmutzig macht, sich im Dreck wälzt und in körperlicher Weise einem anderen Mann begegnet.

Kampf gegen Schuld und Scham
In der traditionellen Exegese wird Jakobs Kampf mit G:tt am Jabbok unter anderem psychologisch als innerer Kampf gegen Schuld- und Schamgefühle ausgelegt; also als Reise nach innen, als Kampf gegen die eigenen dunklen Seiten, als Kampf gegen Gefühle von Schuld und Scham aufgrund seines Betrugs. Dieser Prozess ist kein einfacher linearer Weg, sondern ein Prozess auf Leben und Tod; mit Unterbrechungen, Umwegen, schweren Krisen und Bedrohungen. Und Jakob überlebt diesen Kampf.

Kampf um den Segen
Aus queerer Perspektive kann auch jeder Coming-out-Prozess von LSBTIQ+-Personen als körperlicher, geistiger und seelischer Kampf um ein Leben in Würde und Anerkennung gesehen werden. Es ist ein Kampf mit genormten Werten in einem (hetero-)normativen Umfeld. Und es ist ein Ringen um Respekt und G:ttes Segen.

Vor diesem Hintergrund zeigt sich in dieser biblischen Geschichte ein G:tt, der ganz anders ist. Er überschreitet Grenzen und zwingt auch Jakob, Grenzen zu überschreiten. Dieser G:tt ist nicht männlich, nicht weiblich. Er lässt sich körperlich berühren und berührt selbst. Dadurch sprengt er die dualistisch angeordneten Kategorien von Normalität und Abweichung, Körper und Geist, Subjekt und Objekt. Und als der Morgen anbricht, segnet G:tt den Jakob.

2.3 Resonanzen

»Na ja, betrogen habe ich ja nicht!« M. zwinkerte mir zu. »Ich habe niemandem den Segen geklaut. Aber bekommen habe ich ihn auch nicht. Im Gegenteil, seit meinem Coming-out sitze ich zwischen allen Stühlen. Und alle anderen scheinen besser zu wissen, was ich zu tun oder zu lassen habe. Was mir an Jakob gefällt: Er hat nicht aufgegeben und er hat sich mit seinem Leben und auch mit seiner Verantwortung auseinandergesetzt. Und er hat um G:ttes Segen gekämpft und ihn dann auch erhalten. Das imponiert mir und ermutigt mich!«

Lange tauschten wir uns über die Geschichte aus. Was M. besonders gut gefiel: G:tt verurteilte nicht, klagte nicht an, sondern begegnete dem Jakob auf Augenhöhe. Er kämpfte mit ihm und ließ ihn verändert zurück.

»Dieser G:tt ist so ganz anders als die Gottesbilder, von denen ich früher gehört habe. Das ist wohltuend. G:tt ist gar nicht so kleinkariert. Er passt ja selbst in keine Schubladen. Dann muss ich auch nicht passen. Und den Jakob lässt G:tt nicht fallen, obwohl der nicht dem damaligen Idealbild entsprach. Immerhin hatte er betrogen und sich über Bestimmungen und Traditionen hinweggesetzt. Er wollte eben einfach von G:tt gesegnet sein. Ich kann das gut verstehen. Ich möchte auch

gesegnet sein. Und zwar so, wie ich bin, mit all meinen Schrullen und scheinbar unlogischen Lebenswegen. Ich möchte gesehen werden, so, wie ich bin. G:tt hat den Jakob gesegnet. Dann kann ich auch gesegnet werden! Würden Sie mich segnen?«

Wir sprachen länger darüber, was G:ttes Segen für sie bedeutet. Es war ein intensiver Austausch. Schließlich verabredeten wir, dass ich sie in der nächsten Sitzung segnen würde. Genauso machten wir es. Es wurde eine kleine Segenszeremonie. Ich zündete eine Regenbogenkerze an, stellte ein kleines Kreuz auf den Tisch. Den Bibelvers hatte ich ihr auf eine Postkarte notiert und einige persönliche Zeilen dazu geschrieben. Ich hielt eine kleine Ansprache zur obigen Bibelstelle und fasste unseren Austausch dazu zusammen. Ich fragte sie danach, ob sie immer noch gesegnet werden wollte. Sie nickte. So legte ich ihr meine Hände auf den Kopf und segnete sie mit einem freien Segensgebet. Sie formulierte eine Fürbitte für sich und ihre Lieben. Danach beteten wir gemeinsam das Vaterunser und hielten einen Moment der Stille. Es war ein feierlicher Moment. Danach tranken wir Kaffee. Sie freute sich über die Postkarte, spürte dem Segen nach und fühlte sich gestärkt für ihren Alltag. Der durfte nun kommen.

3. Fallbeispiel: »Es ist die Hölle!«

3.1 Begegnung

P. ist Sportstudent, gut aussehend und smart. Er bezeichnet sich selbst als schwul und lebt in einer Beziehung. Seit vielen Jahren leidet er außerdem unter einer Zwangsstörung. Ständig muss er sich waschen. Er fühlt sich unrein und dreckig. P. war einige Monate auf einer stationären psychiatrischen Abteilung. Seit seiner Entlassung ist er regelmäßig in ambulanter therapeutischer Behandlung. Darüber hinaus hatte der Therapeut ihm empfohlen, im Bereich der Seelsorge an seinem zerstörerischen Gottesbild zu arbeiten.

P. kommt aus einer konservativen Dorfgemeinde und hatte nach der Konfirmation in einer evangelikalen Jugendgruppe mitgemacht. Sein Gottesbild ist streng, konservativ und gnadenlos. Die Angst vor dem grausam strafenden G:tt beeinträchtigte ihn stark. Er musste sich immer wieder neu damit auseinandersetzen. Nach seinem Coming-out wurde die Situation noch schwieriger. Er schämte sich, weil er nicht wie die anderen war, und fühlte sich schuldig, weil er sich schon früh in Jungen verliebte. Er fühlte sich dreckig und sündig und erlebte, wie sein evangelikales Umfeld Abstand von ihm nahm. Sie hielten zwar zu ihm als Menschen, aber seine Taten verurteilten sie. Sie bezeichneten sie als sündig und nicht von G:tt gewollt. Das hinderte P. daran, die Beziehung zu seinem Freund, die er seit einigen Monaten hatte, ohne schlechtes Gewissen zu leben.

P. meldete sich per E-Mail bei mir. Ich begleitete ihn eine Weile. Darüber hinaus schrieben wir zahlreiche E-Mails, in denen es immer wieder um sein richtendes und strafendes Gottesbild ging.

Der strafende G:tt
Sein Problem bezeichnete er selbst darin, dass er sich selbst verachtete und überhaupt kein Selbstbewusstsein habe. Ständig sehe er einen G:tt vor sich, der wütend auf ihn war und sein Leben als schwuler Mann missbilligte. Er sehnte sich nach einer Erlaubnis, so zu sein, wie er fühlte, und gleichzeitig nach einer ultimativen biblischen Begründung, warum sein Schwulsein nicht sündig oder verdammungswürdig war.

»*Früher warnte der Pfarrer uns in meiner Gemeinde. Er bezeichnete Homos als vom Teufel besessene und schändliche Kreaturen. Das machte mir so viel Angst, dass ich Tag und Nacht betete. Ich wusste schon früh, dass ich auf Jungs stehe. Ich betete und betete, aber es half alles nichts. Meine Gefühle für Männer blieben. Als das alles nicht half, fing ich an, mir ständig die Hände und später meinen ganzen Körper zu waschen. Ich fühlte mich dreckig und besudelt. Denn ich hatte schon als Teenager Gefühle für andere Jungs, auch wenn ich mich nicht traute, irgendwas davon zu zeigen, geschweige denn zu sagen oder zu leben.*«

Er erlebte sich eingeschlossen in eine Hölle aus Verdammnis und Schuld. Er bewegte sich im Hamsterrad, aus dem er nicht ausbrechen konnte. Pflichten erfüllen, permanent die Hände waschen, beten und wieder von vorne, ohne dass es ihm half, von seinen Gefühlen freizukommen. Er kam gar nicht dazu, sein Leben zu leben und irgendwas positiv zu sehen. Es war einfach nur in der Hölle, vor der ihn sein Pfarrer gewarnt hatte und in die er ihn aktiv hineingestoßen hat.

Über religiöse Gefühle und Ängste reden und jemand hört zu
Ich hörte ihm lange nur zu und ließ ihn erzählen. Er hatte einen starken Erzähldrang. Er betonte immer wieder:

»*Meinem Therapeuten kann ich das mit meinen religiösen Gefühlen nicht erzählen. Der ist Atheist und versteht das nicht. Aber wenn ich darüber nicht rede, dann platze ich. Denn Angst habe ich vor G:tt und dem Pfarrer. Wenn ich darüber nicht rede, dann fehlt mehr als die Hälfte.*«

Also ließ ich ihn erzählen, zeigte Verständnis, ermutigte ihn freundlich und zugewandt, weiterzuerzählen, und betonte mehrfach, dass ich nichts von dem, was er erzählte, an den Therapeuten oder irgendjemand anders weitergeben würde. Das beruhigte ihn. Mit der Zeit wurde er ruhiger, weniger hektisch und begann mir zu vertrauen.

Sein Gottesbild blieb aber das eines strengen und allwissenden Richters, der genau wusste, dass P. sündigte.

Götzenbilder
Ich konfrontierte ihn damit, dass er nach meiner Wahrnehmung ein Götzenbild hochhalte und alle seine Ängste auf einen strafenden Götzen projiziere, der von dem streng richtenden Pfarrer geschaffen worden war, um ihn abzuwerten und unmündig zu halten.

Dieses Götzenbild katapultiere ihn immer wieder ins Hamsterrad zurück. Auch seine Zwangsstörungen verschärften das Problem. Rational konnte er seine Handlungsweise analysieren. P. verstand, was ich sagte, aber es kam gefühlsmäßig nicht an.

In der nächsten Sitzung malte er auf meine Anregungen hin eine rote Karte, ein Stopp-Symbol. Er wollte die Karte zücken, wenn er wieder vor dem strafenden und verdammenden Götzen Angst hatte. Er wollte damit die Macht des Götzen und seine eigene innere Verstrickungsdynamik mit ihm unterbrechen. Seitdem hatte er die rote Karte immer dabei. Er malte auch noch eine grüne Karte dazu. Eine »Go for it!«-Karte, als Ermutigung und Stärkung. Darauf wolle er sich nun konzentrieren. Und ich ermutigte ihn, sein Leben zu leben und die Zeit mit seinem Freund bewusst zu genießen, ohne sich schuldig zu fühlen.

Positive Gegenbilder
In den Sitzungen danach arbeiteten wir an seinem Gottesbild. Wir suchten und bearbeiteten gemeinsam verschiedene Bibelstellen, die ganz andere Gottesbilder vermittelten, als er kannte. Wir lasen Psalmworte, die Schöpfungsberichte und die Zwiesprache zwischen G:tt und Propheten. Wir sprachen über die Selbstvorstellung G:ttes vor Mose im Dornbusch: »Ich bin da und begleite dich aus Unterdrückung und Sklaverei!« (Exodus 3). Dieser Zuspruch gefiel M. besonders gut. Er schrieb einige der Bibelstellen auf und beschäftigte sich zu Hause weiter mit ihnen. Das tat ihm gut.

Ich ermutigte ihn, auf dieser Grundlage ein anderes Gottesbild für sich zu finden und es sich immer wieder vorzustellen. Nach einigem Hin und Her fand er für sich das Symbol der Höhle. Er wollte sich da verstecken, aber auch geborgen wissen. Er wollte dort unsichtbar sein und gleichzeitig sehen, was geschieht. Er wollte wegtauchen und gleichzeitig von einem Engel G:ttes mit Zuspruch und Segen, Speis und Trank gerettet werden. Die biblische Geschichte vom Propheten Elia, dem genau das widerfahren war, gefiel ihm. Er bezog Elias Krisen und Wüstenerfahrungen auf sein Leben, identifizierte sich mit ihm und klagte G:tt wie Elia sein Leid. Endlich.

3.2 Queere Re-Lektüre der Geschichte des Propheten Elia
Berufung
Die Geschichte vom Propheten Elia steht im 1. Könige 17 bis 2. Könige 2,18. Er lebte im 9. Jahrhundert vor Christi zur Zeit der Könige Ahab und Ahasja im Nordreich Israels. Elia wurde von G:tt berufen, Prophet zu werden und G:ttes Willen

zu verkünden: keine anderen Götter, keine Götzendienste, keine Orgien, keine Gewalt. Elia wollte nicht. Er fühlte sich überfordert. Schließlich gab er nach und verkündete G:ttes Wort. Er wollte alles richtig machen, und vor lauter Übereifer schoss er übers Ziel hinaus. Statt G:ttes Wort friedlich zu verkünden, ließ er sich auf einen Wettstreit mit vierhundert Baals-Priestern ein. Er gewann den Wettstreit. Von seiner Vollmacht ganz erfüllt und geblendet, ermordete er die Baals-Priester eigenhändig (1. Kön 18). Er war zum religiösen Eiferer und Extremisten geworden, der selbst nicht vor Gewalt zurückschreckte. Daraufhin wurde er von den Soldaten des Königs verfolgt. Elia floh in die Wüste und fürchtete um sein Leben.

In der Wüste
In der Wüste legte sich Elia in eine Höhle und schlief ein, erschöpft von der Todesangst und dem Gefühl, versagt zu haben und »nicht besser« zu sein als seine Väter. Er war so frustriert, dass er nicht mehr leben wollte. Zweimal weckte ihn ein Engel in der Höhle. Der sprach zu ihm: »Steh auf, iss und geh!« Wie von Zauberhand gebracht, war da plötzlich Brot und Wasser. Gestärkt machte sich Elia danach auf zu einem Vierzigtagesmarsch zum Berg Horeb, dem Berg G:ttes.

Am Berg Horeb
Am Berg Horeb fand er erneut eine Höhle. Dort konnte Elia endlich über sein Schicksal fluchen und klagen. G:tt hörte ihn und forderte ihn auf, vor ihn zu treten. Elia sollte auf ein Zeichen von G:tt achten. Daraufhin kam Sturm auf, danach folgte ein Erdbeben und dann ein Vulkanausbruch mit Feuer. Aber trotz dieser dramatischen Naturerscheinungen blieb G:tt verborgen. Dann hörte Elia ein »sanftes Sausen«. Elia spürte G:tt darin. Endlich hörte er G:ttes Stimme. Und erstaunlich: Es gab kein Geschimpfe und keine belehrende Besserwisserei. G:tt war einfach da, genau wie vorher der Engel. Zugewandt, präsent, sanft. Keine Tipps, weder Ratschläge noch Rezepte, wie alles wieder gut werden sollte. Stattdessen gab G:tt dem Elia einen nüchternen Auftrag. Er sprach sinngemäß: Geh durch die Wüste zurück in deinen Alltag, zurück zu deinem Leben! Geh und tu, was du tun musst! Nicht mit Gewalt, nicht mit extremistischem Eifer, nicht mit dem Schwert. Ordne deine Verhältnisse mit Augenmaß und durch sinnvolle Regelungen. Es gab keine Drohkulisse, aber auch kein abschließendes »Es wird schon alles gut werden«. Stattdessen der Auftrag, ins Leben zurückzukehren.

Elias Leben
Und das war bis dahin sein Leben gewesen: Elia sollte sterben, weil er unangenehme Wahrheiten verkündet und sich religiös verrannt hatte. Er war zum Mörder geworden. Er wollte aufrütteln und das scheinbar selbstverständliche

Dasein der Menschen hinterfragen. Mit seinem Übereifer schoss er weit übers Ziel hinaus. Er machte sich die Menschen zu Feinden, litt unter Todesangst und wollte schließlich nicht mehr leben. Aber G:tt blieb bei ihm. Trotz allem, oder gerade deswegen!

Elia war ein zwiespältiger Typ. Er war nicht nur ein Gläubiger, sondern auch ein Zweifler. Er war nicht nur ein toller Hecht, sondern einer, der gescheitert war, einer, der sich religiös verrannt und sich an seiner Vollmacht berauscht hatte. Er fühlte sich berufen und unfähig zugleich, vollmächtig und hilflos, einsam und unverstanden. In diesem Zwiespalt wurde er krank, zog sich zurück, wusste nicht mehr weiter.

Queere Re-Lektüre

Aus ganz unterschiedlichen Gründen identifizieren sich immer wieder queere Gläubige mit dem Propheten Elia. Sie fühlen sich allein und unverstanden. Manche sind sehr gläubig, bekommen aber von ihrer Gemeinde oder religiösen Gruppen ihren Glauben abgesprochen, weil sie als queere Personen nicht den Vorgaben entsprechen. Einige waren früher selbst übereifrige Glaubenskrieger und wussten scheinbar genau, was richtig und falsch war, bevor sie ihr Coming-out hatten. Sie entdeckten ihre eigene verinnerlichte Homo- und Transfeindlichkeit und blieben verunsichert zurück. Sie hatten weder Worte noch Bilder dafür, schotteten sich ab, fühlten sich einsam und wussten nicht mehr weiter. So manchen warf es aus der Bahn. Die einen reagierten trotzig und aggressiv, andere tranken zu viel Alkohol oder nahmen Drogen, wieder andere zogen sich aus ihrem sozialen Umfeld zurück oder litten unter Depressionen. Nicht wenige landeten allein in irgendeiner selbst gemachten Höhle und wollten nur noch ihre Ruhe haben.

Elias Erlebnis, dass ihm geholfen wurde von Engeln, die ihn nicht verurteilten, war für ihn eine existenzielle Erfahrung. Diese Geschichte ist für viele queere Gläubige ermutigend. G:tt ist da und bleibt da, unabhängig von Krisen, Zweifeln und Verzweiflung. Das stärkt und aktiviert die eigenen Kräfte. So wie es Elia ermutigt hatte, aufzustehen und nach seinem Weg zu suchen. Trotz allem.

Elementare Fürsorge

Elementare Fürsorge rettete Elia schließlich: Essen, Trinken und die Aufforderung, aufzustehen. Nicht mehr, nicht weniger. Er musste weiterhin durch die Wüste gehen und sich seinen Dämonen aussetzen. Es war nicht sofort alles gut. Aber vierzig Tage später am Berg Horeb begegnete Elia G:tt. Nicht im Sturm und nicht im Donner, sondern im leisen Sausen konnte er G:ttes Stimme hören und sich schließlich wieder auf seinen eigenen Lebensweg konzentrieren. Er war komplett außer sich gewesen und schaffte es mit G:ttes Hilfe, Körper, Geist und Seele wieder in sich zu verbinden. Und G:tt blieb bei ihm, ohne großen Wirbel zu veranstalten.

Ermutigung
Diese Geschichte ermutigt viele Menschen, die aus – welchen Gründen auch immer – aus der Spur gefallen sind. Auch gläubige queere Menschen, die um ihren Platz in der Gesellschaft ringen, kann diese Geschichte stärken. Die Suche nach der eigenen sexuellen Orientierung und Geschlechtsidentität macht viele mürbe. Anfragen, Krisen und Ausgrenzungserfahrungen treffen viele tief und existenziell. Aber G:tt bleibt da und ruft ihnen zu: Achtet auf die Basics: Essen, Trinken und Aufstehen. So, wie es der Engel Elia zweimal gesagt hatte. Damit ist Erholung und Heilung nicht sofort da. Es ist ein langer Prozess, vielleicht ein lebenslanger. Wege durch innere und äußere Wüsten gehören dazu. Und Garantien für Besserung gibt es keine. Aber das Leben geht weiter. Und G:tt bleibt da.

3.3 Resonanzen

»Ich wollte auch einmal Selbstmord begehen. So wie Elia. Aber das will ich G:tt sei Dank nicht mehr. Ich fühle mich besser, kräftiger. Ich spüre mich seit langer Zeit mal wieder. Aber das Leben ist immer noch ein einziger Kampf. Und ich bin noch lange nicht da, wo ich sein möchte.«

Das war P.s erste Reaktion. Und dabei blieb es nicht.

»Die Geschichte von Elia zeigt mir, dass G:tt dableibt. Trotz aller Lebenskrisen in Elias Leben. Und es zeigt mir, dass Wüstenwege zum Leben dazu gehören. Und die hören nicht einfach auf. Was ich lernen möchte: die Stimme G:ttes im sanften Rauschen zu hören. Darauf habe ich bisher nicht geachtet. Ich war immer so sicher, dass ich wusste, was G:tt von mir will und wann er mich bestraft, dass ich nie richtig wahrgenommen habe, dass G:tt vielleicht ganz anders ist, als ich es von den Leuten in meiner Gemeinde gelernt habe. Darüber möchte ich weiter nachdenken. Der Prophet Elia hilft mir dabei, endlich Platz für andere Gottesbilder in meinem Leben zu schaffen!«

Ich ermutigte ihn, den Weg mit kleinen Schritten weiterzugehen. Gleichzeitig bekräftigte ich, dass er seine Therapie auf keinen Fall abbrechen dürfe. Sie sei für die Bearbeitung seiner Zwangsstörung unbedingt notwendig. An mich wendet P. sich seitdem vor allem per E-Mail, wenn er Fragen zu biblischen Themen hat. Er ist auf dem Weg. Und die Geschichte vom Propheten Elia geht mit ihm.

4. Fallbeispiel: »Ich passe in keine Schublade!«

4.1 Begegnung

Per E-Mail erreichte mich eine Anfrage von einer Person aus einer anderen Landeskirche. A. war in einer kirchlichen Organisation tätig. Schon länger war A. klar, dass A. sich nicht als Frau fühlte. Aber A. fühlte sich auch nicht als trans*, sondern irgendwo dazwischen, passe in keine Schubladen und suche nach Begleitung.

Wir trafen uns digital zu einem ersten Vorstellungsgespräch. A. erzählte mir von der Sehnsucht, endlich so leben zu können, wie A. sich fühlte. Weder männlich noch weiblich, aber auch nicht trans*. A. wollte die Haare kürzer tragen, andere Sachen anziehen und nicht mehr auf andere schauen, was die davon hielten. Da sei A. im Internet ein Text von mir in die Hände gefallen, der A. ermutigt hatte, sich bei mir zu melden. Ich hörte A. aufmerksam zu, fragte nach, suchte mit nach Worten und verstand: keine Kategorien, keine Schubladen, keine Etikettierungen. Das passte alles nicht!

Von sich selbst als nonbinär erzählen

Wir verabredeten regelmäßige Onlineberatungszeiten und legten los. Zu Anfang erzählte A. aus der Herkunftsfamilie, Schulzeit, Sozialisation. A. erzählte, wie es ging, was passiert war und was A. beschäftigte. Über die Zeit kristallisierte sich für A. ein Begriff heraus:

»Ich sehe mich selbst als nonbinär, weder männlich noch weiblich. Ich möchte nicht mehr als Frau angesprochen werden, nur noch als Person mit meinem Namen. Das ist zwar ein behelfsmäßiger Weg, aber Sprache ist eben binär aufgebaut. Schwarz – weiß, gut – böse, jung – alt, gläubig – sündig, das passt alles nicht. Ich bin immer dazwischen!«

Perspektivwechsel

Wir arbeiteten lange mit dem Dazwischen. Statt es als ein Defizit anzusehen, arbeitete A. die Vorteile und Stärken davon heraus: Das Leben ist voller Zwischentöne, es gibt kein eindeutiges Entweder-oder, sondern Sowohl-als-auch und noch viel mehr. »Vielfalt statt Einfalt« und andere humorvolle Aussagen halfen A. dabei, die Perspektive zu wechseln und statt dem Makel viele Stärken und Ressourcen darin zu sehen.

Es tat A. gut, aus Kategorien und Zuweisungen auszusteigen und für sich selbst im geschützten Raum andere Bilder und Worte zu finden. Dennoch kommentierte A. am Ende einer Sitzung: *»Aber meine Kollegen und Kolleginnen werden das gar nicht witzig finden, wenn ich es ihnen sage! Davor habe ich Schiss!«*

Sprachschule
Es brauchte noch einige Sitzungen, bis A. sich selbst dazu entschloss, einigen näheren Kolleg:innen mitzuteilen, dass A. anders sei als die üblichen Schubladen: nicht binär, nicht eindeutig, und nein, auch nicht trans*. Wir übten solche Gespräche in unseren Sitzungen. Schließlich begann A., anderen von sich zu erzählen. A. machte dabei unterschiedliche Erfahrungen, bekam viel Verständnis, einige waren neugierig, wollten es verstehen, andere reagierten abwehrend und mit Vorbehalten. A. übte, Worte zu finden und sprachfähig über die eigene Situation zu werden. Klar war, dass alle Beteiligten Zeit brauchten, alles zu verdauen und eine sensible Sprache einzuüben, inklusive A. selbst.

Wendepunkt
Gnädig mit sich selbst sein, sich Zeit geben, nicht zu ungeduldig sein, immer wieder auf die eigenen Stärken und Ressourcen schauen und sich selbst nicht als defizitär ansehen.

A. fand für sich das Motto: »*Der eigenen Intuition trauen, raus aus den Schubladen, rein ins Leben. Fröhlich im Dazwischen leben, wie anfänglich auch immer!*«

Diese Haltung übt A. bis heute. Schließlich gab es einen Wendepunkt: A. beschloss, den Job zu wechseln, um freier handeln zu können und weniger überwacht zu werden. A. bewarb sich und zwei Monate später hatte A. tatsächlich einen neuen Job.

In jener Zeit beschäftigten wir uns mit der biblischen Josefsgeschichte und suchten nach dem Zuspruch in der Geschichte trotz aller Konflikte, Krisen und Lebensgefahren.

4.2 Queere Re-Lektüre der Josefsgeschichte
Josef – Josefine – Jo[11]
Josef war ein ruhiger und verträumter junger Mann. So steht es in Genesis 37–50. Er dachte sich Geschichten aus, träumte versonnen vor sich hin und blieb bei den Zelten seiner Eltern Rahel und Jakob. Seine Brüder tollten lieber herum und suchten das Abenteuer. Als Jugendlicher musste Josef trotzdem zusammen mit seinen Brüdern Schafe hüten. Eines Tages schlachteten die Brüder ein Tier, obwohl der Vater es verboten hatte. Josef war entsetzt und berichtete seinem Vater davon. Er zog damit die Wut der Brüder auf sich. Von seinem Vater bekam er zum Dank einen bunten Rock geschenkt. Josef trug den Rock des Vaters gern und war stolz darauf. Wenig später hatte Josef zwei Träume, die davon handelten, dass sich zunächst seine Brüder, dann auch seine Eltern vor ihm verbeugen mussten. Daraufhin wurden seine Brüder noch wütender auf ihn. Einige Zeit danach wurde Josef zu seinen

---
11   Zuerst veröffentlicht in: Söderblom (2020a, S. 53–56).

Brüdern aufs Feld gerufen. Als er dort ankam, überwältigten sie ihn und schlugen ihn. Sie zogen ihm seinen Rock aus und stießen ihn in eine Grube. Später verkauften sie den Bruder für zwanzig Silberlinge an einen Kaufmann, der mit einer Karawane an ihnen vorbeizog. Dem Vater zeigten sie den Rock von Josef, den sie vorher mit Tierblut beschmiert hatten, und erklärten Josef für tot.

Das Kleid einer Prinzessin
Was mittlerweile mehrere Bibelwissenschaftler:innen und Forscher:innen herausgefunden haben: Der Ausdruck, mit dem Josefs Rock auf Hebräisch beschrieben wird (»kethoneth passim«), benennt das Kleid einer Königstochter, also einer Prinzessin. Der selten benutzte Ausdruck wird z. B. im 2. Samuel 13,18 f. für das Kleid der Tochter eines Königs benutzt.

Josef trug das Kleid einer Prinzessin? Unmöglich! Ein Auserwählter G:ttes in Frauenkleidern? Ein Held mit femininen Zügen? Unvorstellbar! Diese Information passte nicht ins Männerbild der Bibelgelehrten. Auch nicht in die christliche Tradition, ins Menschenbild der Gläubigen. Es passte nirgends und niemanden. Entsprechend wurde die Information oft vernachlässigt und verdrängt.

Der fremde Bruder
Aber woher kam die Brutalität, ja fast Raserei, mit der die Brüder Josef brutal schlugen, ihn demütigten, den Rock zerrissen und Josef in eine Grube schmissen, bis sie ihn schließlich verkauften? Woher kam der Hass?

Im biblischen Text wird mehr als einmal deutlich gemacht, dass Josef anders war: ruhiger, verträumter, femininer. Kam zum Neid und zur Eifersucht der Brüder vielleicht noch die Angst vor dem Fremden dazu? Haben sie sich vom Anderssein des Bruders abgegrenzt? Josef durfte nicht so sein, wie er war: sensibel, voller Geschichten und Träume. Die Norm für junge Männer gab etwas anderes vor: körperliche Stärke, Abenteuergeist und Machtinstinkt.

Josef – Josefine – Jo
In Philadelphia gibt es einen schwarzen Dichter. Er heißt J. Mase III. Er bezeichnet sich selbst als transgender und queer, also jenseits binärer Kategorien von Geschlechtsidentität und sexueller Orientierung. Er hat die Josefgeschichte der Bibel genau studiert und darüber in kreativer Weise ein Gedicht geschrieben. Es heißt »Josef – Josefine – Jo«. Hier ein übersetzter Ausschnitt daraus:

»Josef / Josefine / Jo … Du hast (den Rock) mit Stolz getragen, offen, ohne Scham. Es tut mir leid, was dir danach geschehen ist. Jo, als deine Brüder dich im fließenden Kleid in all deinem Glanz gesehen haben, wurden sie wütend. Es tut mir so leid, dass du geschlagen wurdest.

Es tut mir so leid, dass du geblutet hast, dass sie dein Kleid zerrissen und es mit der roten Farbe deiner geschwollenen Venen beschmiert haben« (Übersetzung K. S.).[12]

Der Traumdeuter

Aber der Verrat ist nicht das Ende der biblischen Geschichte. Josef wurde nach Ägypten verschleppt und an Potifar, den obersten Befehlshaber des Pharaos, verkauft. Dort arbeitete Josef als Sklave, bis sich Potifars Frau in ihn verliebte. Sie machte ihm mehrfach Avancen, die Josef allesamt abwehrte. Da beschuldigte sie Josef, dass er sie vergewaltigt habe, und Josef wurde ins Gefängnis geworfen. Im Gefängnis deutete er Träume von verschiedenen Menschen. Seine Deutungen erwiesen sich allesamt als richtig. Als der Pharao später selbst zwei Träume hatte, die niemand in seinem Reich verstand, ließ er Josef rufen und erzählte ihm die Träume. Beim ersten Traum ging es um sieben fette und um sieben magere Kühe. Die mageren fraßen die fetten. Beim zweiten Traum handelte es ich um sieben dicke und sieben dünne Ähren. Die dünnen verschlangen die dicken.

Josef deutete beide Träume: Nach sieben guten Erntejahren in Ägypten würden sieben karge Jahre kommen. Daher sollte der Pharao in den guten Erntejahren seine Speicher für die Hungerjahre füllen. Dem Pharao leuchtete Josefs Deutung unmittelbar ein. Er tat, wie Josef es ihm geraten hatte. Die Entwicklungen der nächsten Jahre bestätigten Traum und Deutung. Josef wurde aus dem Gefängnis entlassen und nach dem Pharao zum zweiten Mann in Ägypten ernannt. Während viele Nachbarvölker unter Hungersnot litten, hatten die Ägypter dank ihrer Vorratswirtschaft genügend Nahrungsmittel zur Verfügung. Das sprach sich schnell herum unter den Nachbarvölkern.

Wiedersehen

So kam es, dass auch Josefs Brüder nach Ägypten kamen. Sie wollten Getreide vom Pharao kaufen. Josef war der Verhandlungsführer des Pharaos. Er erkannte seine Brüder sofort, während jene ihn nicht erkannten. Erst auf einer zweiten Verhandlungsreise gab Josef sich ihnen zu erkennen. Die Brüder erschraken sehr, da sie Josef tot wähnten und seine Rache fürchteten.

Doch als Josef seine Brüder nach all den Jahren wiedersah, vergab er ihnen trotz allem Unrecht und Leid, das er erlebt hatte. Er ließ seinen Vater Jakob und den jüngsten Bruder Benjamin nachholen und feierte mit allen ein großes Fest. Josefs Liebe war stärker als der Hass der Brüder, seine Großmut größer als ihr Ver-

---

12 Der Videobeitrag war bis 2016 unter http://www.transfaithonline.org/display/article/josephine-what-the-bible-says-about-transfolk zu finden. Diese Seite existiert leider nicht mehr.

brechen. Die Brüder waren verunsichert, überrascht von Josefs Gastfreundschaft und dankbar für seine Großmut. Und auf einmal konnten sie Josef als denjenigen sehen, der er wirklich war: klug, feinfühlig, erfolgreich und anders als die anderen. Nicht mit Viehzucht hatte er Erfolg gehabt, sondern mit Zuhören, Traumdeutung und seiner Intuition. Er war nicht besser und nicht schlechter als die anderen, sondern anders. Vielleicht war er einfach sensibler. Vielleicht würde er sich heute als trans* bezeichnen, vermutlich jede Kategorisierung ablehnen. Sicher ist, dass er die traumatische Situation von Verrat, Heimatverlust und Exil überlebt hatte. Im fremden Land konnte er sich eine neue Existenz aufbauen. Und die ganze Zeit hatte Josef den G:tt seiner Väter nicht vergessen. Und G:tt war bei ihm und beschützte ihn.

Josef – Josefine – Jo II
Der Dichter J. Mase III. bezog Josefs Geschichte auf sein eigenes Leben und interpretierte das Ende der biblischen Geschichte so:

»*Josef / Josefine / Jo … Deine Liebe hat die Dunkelheit der Vorbehalte durchbrochen. Und zum ersten Mal hat dich deine Familie so gesehen, wie du bist, so wunderbar. Denn du warst es, der die Menschen vorm Hunger gerettet hat.*

Lieber Josef der Genesis, Josefine Jo …, ich beanspruche deine Geschichte für jedes schwul-lesbische queere Kind, dem erzählt wird, dass es unheilig sei, für jede schwul-lesbisch-queere Person, der erzählt wird: Wenn du leben willst, musst du deinen Glauben sterben lassen« (Übersetzung K. S.).[13]

Josefs Geschichte ist ermutigend. Für alle, die sich mit denjenigen identifizieren, die am Rande stehen. Für Zurückhaltende, Schüchterne, Gefühlsbetonte, für solche, die sich anders fühlen, die nach sich selbst suchen, nach ihrer sexuellen Orientierung, nach ihrer Geschlechtsidentität. Ihnen allen zeigt die Geschichte: Brutale Gewalt hat nicht das letzte Wort! Es gibt bei G:tt einen sicheren Ort für Josef, Josefine und für Jo.

4.3 Resonanzen

A. faszinierte die Geschichte. Aber zunächst fehlten die Worte. Wir lasen die Geschichte noch mal, unterhielten uns über einzelne Absätze, tauschten uns über die eindringliche Interpretation des Dichters J. Mase III. aus. Es beeindruckte A., dass J. Mase III. sich erlaubte, die Josefsgeschichte mit seinem Leben zu verbinden. Die Zeilen im Gedicht halfen A., die Geschichte ebenso aufs eigene Leben zu beziehen. Lange Zeit konnte A. das nicht. Zu tief saßen die verinnerlichten Verbotssätze aus der Gemeinde, dass die Worte in der Bibel G:ttes Wort seien und mit dem eige-

---

13 Vgl. Fußnote 12.

nen Leben nichts zu tun hätten. Sonst würde man die Geschichten verunreinigen und Gotteslästerung begehen. Auf meine Frage, wie das denn passieren könnte, konnte A. mir nicht antworten und blieb stumm.

Nach einer Weile fügte ich hinzu:

»*Schon in den biblischen Geschichten selbst wurden die Erfahrungen der Menschen des Volkes Israel in späteren Jahrhunderten immer wieder auf die eigenen Erfahrungen bezogen. Und auch G:tt stellte diese Bezüge in den biblischen Selbstvorstellungen immer wieder her. G:tt zeigte sich Mose am Dornbusch und erklärte ihm, dass er bereits mit Abraham und Sara, Isaak und Rebekka, Jakob und Rahel unterwegs war und sie gesegnet hatte. Später gab G:tt dem Mose am Berg Sinai die Dekalogtafeln und erinnerte Mose und das Volk Israel daran, dass es G:tt war, der sie aus Ägypten geführt hatte. Auch alle prophetischen Reden bezogen sich auf die Urerfahrungen der Menschen des Volks Israel mit ihrem G:tt. Darauf wurde immer wieder verwiesen. Innerbiblisch wurden also bereits Lebensgeschichten und frühere Glaubensgeschichten intertextuell aufeinander bezogen. Nichts anderes geschieht heute, wenn Gläubige biblische Geschichten auf ihr Leben beziehen.*«

A. nickte und ließ das Gehörte sacken. Dann tauschten wir uns weiter über die biblische Geschichte aus. Zum Abschluss des Treffens fasste A. alles Gesagte für sich so zusammen:

»*Die Geschichte ermutigt mich. Josef war anders, passte nicht rein, erfüllte nicht die Erwartungen an ihn. Er zog damit Hass und Neid auf sich, musste Gewalt, Unfreiheit und Gefängnis erdulden. Aber schließlich fand er seinen Platz und machte das, was er gut konnte. Und G:tt blieb bei ihm und segnete ihn. So, wie G:tt mich segnet. Genauso, wie ich bin. Das tut gut!*«

5. Fallbeispiel: »Was ist eigentlich normal?«

5.1 Begegnung

Wir trafen uns am Eingang des botanischen Gartens. Wir kannten uns vorher schon von ESG-Veranstaltungen. Z. studiert Architektur.

Z. begrüßte mich mit einem Lächeln, bedankte sich, dass ich gekommen war, und wir gingen los. Nach einigen Minuten der Stille begann er:

»*Na ja, ich wollte mit dir sprechen, weil du mir sofort eingefallen bist. Meine Kumpels lachen bloß über mich und nehmen mich nicht ernst. Es ist nicht so einfach ...*«

Ich nickte ihm ermutigend zu und lächelte ihn an.

Er fuhr fort: »*Also gut, ich versuch's mal: Ich verliebe mich dauernd in lesbische oder bisexuelle Frauen. Und selbst wenn wir eine Weile was miteinander haben, dann verlässt sie mich irgendwann für eine andere Frau. Vor Kurzem ist mir das wieder passiert. Das ist doch nicht normal, oder?*«

Normal
Wir sprachen eine Weile darüber, was denn überhaupt »normal« sei. Dabei gingen wir langsam weiter. Die frische Luft tat gut, den Blick gemeinsam nach vorne richten auch.

Das Konstrukt »normal« zu hinterfragen half uns, miteinander warm zu werden. Wir lachten, als wir uns gegenseitig erzählten, was wir alles für »nicht normal« hielten. Es war jede Menge. Schließlich fragte ich genauer nach.

Z. erzählte mir von seinem Frauentyp und seinen Erfahrungen. Irgendwie verließen sie ihn immer wegen einer anderen Frau oder es klappte gar nicht erst, weil sie sich eher für Frauen interessierten. Nun traue er sich langsam überhaupt nicht mehr, sich mit Frauen zu treffen, erklärte er mir. Wenn sie ihn interessierten, seien sie ja doch alle lesbisch.

Persönliche Reaktion
Ich nickte und schwieg. Wir gingen weiter nebeneinander her und sahen zwei Amseln zu, die auf einem Busch saßen und sich gegenseitig zu necken schienen. Dann erzählte ich ihm von meinen Erfahrungen als Studentin, als ich mich mehrfach in heterosexuelle Frauen verliebt hatte. Es waren für mich schmerzhafte Erfahrungen gewesen. Denn daraus war nie etwas geworden. Die Frauen waren Freundinnen von mir oder auch nicht, aber mehr war nicht drin gewesen, an mehr waren sie nicht interessiert. Es entspannte sich zwischen uns ein lockeres Gespräch über Frauentypen und die gemeinsame Erfahrung, bei einer Frau einfach nicht landen zu können. Aus unterschiedlichen Gründen. Und dennoch verband uns diese gemeinsame Erfahrung. Z. wurde nun lebhafter und erzählte weiter.

Schmerz zeigen
Ich konnte hinter der lockeren und etwas zynischen Fassade zum ersten Mal seinen Schmerz spüren und sagte das auch. Er nickte und Tränen zeigten sich in seinen Augen. Wir sagten eine Weile lang nichts, liefen einfach nur nebeneinander her. Es war okay, Schmerz zu zeigen.

Schutz suchen
Nach einer Weile erzählte ich weiter von mir, sprach von meinen Überlegungen, warum ich mich lange Zeit nur in heterosexuelle Frauen verliebte. Ich war damals noch nicht so weit gewesen. Ich war zwar traurig und frustriert, dass aus meinen Verliebtseinsgefühlen nicht mehr wurde, aber gleichzeitig schützte es mich auch. Solange ich mich nur in Frauen verliebte, die ich nicht haben konnte, musste ich weder etwas investieren noch mich zeigen und ich musste mich schon gar nicht auf eine Beziehung einlassen. Für mich passte das damals offensichtlich. Alles

Fallbeispiele | 53

andere wäre zu früh gewesen. Ich hatte Zeit gebraucht, um für eine Beziehung bereit zu sein. Das hatte viel mit meinem Coming-out, mit meiner Sicht auf mich selbst und meinem damals schwachen Selbstwertgefühl zu tun. Ich erzählte Z. recht offen davon. Z. wandte sich mir zu, war überrascht und dankbar für meine Worte. Das spürte ich.

»Das hätte ich gar nicht gedacht, dass du früher auch mal Schwierigkeiten hattest mit Beziehungen. Das überrascht mich. Aber es erleichtert mich ehrlich gesagt auch ein wenig und nimmt Druck raus!«, sagte er nachdenklich.

Gewinn
Ich nickte ihm zu. Schließlich fragte ich ihn, ob es auch irgendetwas Gutes haben könnte, dass er sich öfters in Frauen verliebt hatte, die nicht zu haben waren. Könnte es da auch einen Gewinn für ihn gegeben haben? Die Antwort von Z. kam schnell: Auf jeden Fall! Er sei unabhängig und lebe eigentlich auch ganz gern allein. Das Wichtigste sei für ihn sowieso soziale Gemeinschaft, wie er sie in seiner WG, mit seiner Lerngruppe und in seiner Gebetsgruppe erlebe. Er verstummte. Nach einer Weile nickte er. Da sei schon was dran, dass er sich vielleicht gar nicht wirklich für eine Beziehung öffnen wollte. Darüber müsste er mal weiter nachdenken. Aber was sollte er denn bloß dagegen tun, dass er nun einmal eher auf burschikose Frauen stünde?

Blickwechsel
Nachdem er mir erklärt hatte, was für ihn burschikos hieß: sportlich, praktisch, naturverbunden, sammelten wir, wo er solche »burschikosen Frauen« finden könnte: beim Sport, beim Wandern, bei Klettertouren oder in Ökocamps. Er fing an zu lachen, wir sammelten weiter. Mittlerweile hatten wir den botanischen Garten schon dreimal durchgelaufen und die verabredete Stunde war um. Er schmunzelte und betonte, dass es ihm einfach guttue, dass ihn jemand verstand und ihn nicht als komisch oder als verrückt abtat.

»Ernst genommen werden und anerkannt werden, so, wie ich bin. Das ist mir das Wichtigste!«, sagte er. Ich nickte und bestätigte ihm das. Das sei vermutlich für alle das Wichtigste. Mir gehe es jedenfalls genauso. Außerdem wollte Z. schauen, ob er nicht mal bei einer studentischen Wanderreise mitmachen könnte, und zwinkerte mir zu. Ich zwinkerte zurück.

Wir verabredeten, über WhatsApp in Kontakt zu bleiben, und dass er mich gern anrufen oder anmailen konnte, wenn er weiteren Redebedarf hatte. Seitdem stehen wir im Kontakt.

Was heißt schon normal?
Sich nicht normal fühlen geht auch andersherum. Wer selbst heterosexuell fühlt und sich aber in LSBTIQ+-Menschen verliebt, hat es offensichtlich auch nicht einfach. Von seinen Kumpels wurde Z. dafür ausgelacht, dass er sich in lesbische Frauen verliebte, anderen traute er es gar nicht erst zu sagen. Da war die lesbische Pfarrerin genau die Richtige, um ihr von seinem Leid und seinen Schmerzen zu erzählen. Er traute mir zu, dass ich ihn nicht auslachen, sondern ihn ernst nehmen würde. Er sah in mir ein Vorbild in gelebter Selbstannahme und ging davon aus, dass ich auch anderen gegenüber nicht abwertend oder hämisch reagieren würde.

Endlich drüber reden können
Wir entdeckten einen ähnlichen Frauengeschmack und kamen darüber ins Gespräch. Der Spaziergang durch den Park trug ebenfalls dazu bei, dass Z. lockerer wurde und schließlich über sein Problem reden konnte. Meine Erfahrungen als junge Studentin fand er nicht peinlich, sondern spannend und wollte mehr davon hören. Meine persönliche Resonanz auf seinen Schmerz half ihm dabei, seinen eigenen Schmerz ernst zu nehmen und nicht wegzuwischen. Meine Nachfrage über den Gewinn von nicht erwiderten Verliebtseinsgefühlen setzte ebenfalls etwas bei ihm in Bewegung. Z. wollte weiter darüber nachdenken, ob er unbewusst vielleicht wirklich ein paar Abstandshalter gesetzt hatte, damit ihm niemand zu nahekam, oder ob er einfach an anderen Orten Ausschau halten musste, um nach seinem Frauentyp zu suchen.
   »*Ich fand es super, dass du mit mir über diese Dinge gesprochen hast. Ich konnte auch mal lachen und ablästern und von anderen Frauen schwärmen. Wie du auch. Das war cool! Du hast mir damit geholfen, meine Blickrichtung zu verändern. Erstaunlich, wie wichtig eine lesbische Pfarrerin auch für mich als heterosexuellen Mann sein kann. Danke!*«
   So verabschiedete Z. sich am Ausgang des botanischen Gartens von mir und ging pfeifend seiner Wege.
   In einem weiteren Treffen in der ESG unterhielten wir uns über das Doppelgebot der Liebe, über das ich in einer Andacht gepredigt hatte.

5.2 Queere Re-Lektüre des Doppelgebots der Liebe
Kenner der hebräischen Bibel
Jesus war Jude und kannte die Thora und die hebräischen Schriften. Er hatte sie früh im Tempel kennengelernt. Einerseits war für ihn klar, dass kein Jota des Gesetzes verändert werden durfte (Matthäus 5,18). Andererseits legte er die Gesetze undogmatisch, alltagsnah und menschenfreundlich aus. »Das Gesetz ist für den Menschen da und nicht der Mensch für das Gesetz« (Markus 2,27), stellte Jesus

klar, als er von Gelehrten angesprochen wurde. Da hatte er gerade einen Menschen am Schabbat geholfen und geheilt.

Das höchste Gebot
Auf die Frage von anderen, was denn das höchste Gesetz sei, antwortete Jesus, ohne zu zögern:
»Das höchste Gebot ist das:
Höre, Israel,
der Herr, unser G:tt, ist der Herr allein,
und du sollst den Herrn, deinen G:tt, lieben
von ganzem Herzen, von ganzer Seele,
von ganzem Gemüt und mit all deiner Kraft« (Deuteronomium 6,4-5).
Das andre ist dies:
»Du sollst deinen Nächsten lieben wie dich selbst« (Levitikus 19,18).
»Es ist kein anderes Gebot größer als diese« (Markus 12,29-31, Matthäus 22,37-39).

Wer sich die Sätze genauer anschaut, erkennt, dass Jesus das Doppelgebot der Liebe nicht erfunden hat. Er zitierte die Worte lediglich aus der hebräischen Bibel. Sein Verdienst war es allerdings, dass er die beiden Gebote verknüpfte und sie aufeinander bezog.

G:ttesliebe, Nächstenliebe, Selbstliebe. Diese Trias gehörte für Jesus zusammen. Das eine ergab sich aus dem anderen. Wer G:tt liebte, so war seine Überzeugung, würde auch die Mitmenschen respektieren und achten. Und wer das tat, gab auch auf sich selbst acht. Insofern ist das Doppelgebot der Liebe eigentlich ein Dreifachgebot. Die Selbstliebe wird oft vergessen, wenn es um die Auslegung des Textes geht. Sie steht aber gleichberechtigt mit den anderen beiden Liebesgeboten im Text.

Und noch etwas ist wichtig. Es geht in diesem dreifachen Liebesgebot nicht um romantische Liebesgefühle, so, wie sie Liebespaare füreinander empfinden. Es geht um Respekt, Achtung und Anerkennung. Das sind die Zutaten, die für das damalige Judentum genauso wichtig waren wie für ein friedliches Zusammenleben der Gläubigen der damaligen Gesellschaft. Und diese Zutaten sind bis heute zentral.

Worte und Taten
Was Jesus noch betonte: Dieses Doppelgebot fasst alle anderen Gebote zusammen und krönt sie als das höchste Gebot. Daran hat sich Jesus sein Leben lang gehalten. Auch wenn er kritisch auf die Auslegung anderer Gebote reagierte. Er hielt sich auch selbst daran. Er betete zu G:tt und predigte G:ttes Wort. Und er handelte

danach. Er besuchte die einfachen Leute, hörte ihnen zu, aß und trank mit ihnen, lachte, betete und feierte mit ihnen. Er holte sie vom Rand in die Mitte, er erkannte sie an und gab ihnen ihre Würde zurück. Das ist wahre Nächstenliebe! Und genau darum geht es bis heute: den Menschen ihre Würde zurückgeben, egal ob sie arm sind oder reich, männlich, weiblich oder divers, gesund oder krank, jung oder alt, homo oder hetero, schwarz, weiß oder coloured ... Denn sie sind alle Kinder G:ttes und geschaffen nach G:ttes Ebenbild. Das ist die zentrale Botschaft Jesu!

Daher ist es so wichtig, eigene Haltungen und Handlungen zu überprüfen. Leiten mich Vorurteile und Klischees? Prägen sie meine Verhaltensweisen gegenüber Menschen, die ich nicht kenne und die mir fremd sind?

Selbstfürsorge

Die andere Botschaft ist aber ebenso wichtig: Passe ich gut auf mich selbst auf? Achte ich mich selbst? Akzeptiere ich mich so, wie ich bin? Denn nur diejenigen sind glaubwürdig in ihrer G:ttes- und Nächstenliebe, die auch sich selbst in gleicher Weise achten. Sonst wird es schräg, unausgeglichen oder führt zum unreflektierten Helfer:innensyndrom.

Viele queere Gläubige kennen das: Sie ringen um G:ttes- und Nächstenliebe, können sich aber nicht selbst lieben. Scham und Minderwertigkeitsgefühle sitzen zu tief. Verinnerlichte Homo- und Transfeindlichkeit halten sie davon ab, sich selbst anzunehmen. Dieses Gefühl kennen aber nicht nur queere Menschen. Viele, die sich aus welchem Grund auch immer anders oder zurückgesetzt fühlen, ringen um ihr Selbstwertgefühl und ihre Selbstachtung. Darum gilt gerade für sie: Liebe G:tt und deinen Nächsten wie dich selbst!

Und vergiss dich selbst nicht dabei!

5.3 Resonanzen

Selbstliebe

Z. kannte das Doppelgebot der Liebe und es war ihm wichtig. Gleichzeitig gab er zu, dass er das mit der Selbstliebe noch nie so bewusst wahrgenommen hatte. Es ging in seinem Leben bisher immer um G:ttes- und Nächstenliebe. Die Selbstliebe war da irgendwie hinten runtergefallen. Die spielte bisher einfach keine große Rolle in seinem Leben. Vielleicht war sie auch in seinem Umfeld nicht so wichtig. Darüber wollte er mehr nachdenken. Aber er begriff, dass das Folgen haben konnte.

»Wenn ich nicht gut auf mich aufpasse, macht es niemand«, sagte er nachdenklich. *»Wenn ich meine Gefühle meinen Kumpels zeige, werde ich ausgelacht oder für ein Weichei gehalten. Das ist doch Mist. Und was lerne ich daraus? Ich zeige meine Gefühle nicht mehr jedem und passe besser auf, wem ich was sage. Das ist purer Selbstschutz und hat ja auch was mit Selbstliebe zu tun.«*

Normalitätsvorstellungen
Ich nickte. Dann kamen wir noch mal auf Normalitätsvorstellungen zu sprechen und was die mit Zuschreibungen und Selbstabwertungen zu tun hatten. Dass er sich in frauenliebende Frauen verliebte, bezeichnete Z. selbst als nicht normal. Aber was heißt das schon? Waren die Frauen liebenden Frauen auch nicht normal? Und wer bestimmt das eigentlich? Und was bedeutet es dann?

»Wenn jemand nicht normal ist, wird das immer abgewertet und negativ gesehen«, sagte Z. *»Das ist schon das Grundübel. Und wenn man sich selbst als nicht normal ansieht, dann ist das mit dem Selbstbewusstsein halt so eine Sache.«*

Ich bestätigte ihm das und betonte, dass ich diese Selbstabwertung von vielen queeren Menschen kennen würde. Aber es betreffe eben auch andere, so wie ihn. Z. schaute mich an und überlegte. Er konnte damit was anfangen. Also verabredeten wir für die Folgezeit einige Übungen. Er wollte bewusster auf sich aufpassen und sich für seine Gefühle nicht mehr schämen. Das »Dreifache Gebot der Liebe«, wie Z. es nun nannte, sollte ihm dabei helfen.

VERSTEHEN

IV Erste Erkenntnisse

1 Rahmen: Sichere Orte und Zeiten

»*Ist das Gespräch auch wirklich vertraulich? Bleibt alles Gesagte unter uns?*« (J.).

Das waren die ersten Fragen von J. Und diese Frage höre ich regelmäßig, wenn sich Studierende mit einem Seelsorgeanliegen an mich wenden. Der sichere Gesprächsrahmen garantiert den Beteiligten einen Schutzraum. Ohne geht es nicht. Das gilt ganz besonders für queere Studierende wie J., die zu mir in die Sprechstunde kommen. Für sie ist der Schutzraum doppelt wichtig: Zum einen sprechen sie mit mir als Seelsorgerin teilweise über Gedanken und Gefühle, von denen sonst nur die allerbesten Freund:innen wissen. Zum anderen haben nicht wenige Angst vor negativen Reaktionen von Familienangehörigen und dem sozialen Umfeld, wenn herauskommt, dass sie queer sind. Seelsorgegeheimnis, Verschwiegenheit und die Sorge für die Sicherheit der Seelsorgesuchenden sind daher Grundvoraussetzungen für eine queersensible Seelsorge. Zum sicheren Ort gehört auch ein klarer und verlässlicher Rahmen: Zeit ohne Hektik mit klarem Anfang und Ende. Ein gastfreundlicher Ort, eine Tasse Kaffee, Tee oder Wasser. Ein klarer Rahmen gibt Sicherheit und Freiheit für das, was dazwischen passiert.

2 Haltung: Wertschätzung und Respekt

»*Es tut so gut, wenn ich mich nicht erklären und rechtfertigen muss, sondern einfach so ernst genommen zu werden, wie ich bin!*« (J.).

So sagte es mir J. nach einem unserer Treffen. Auch das höre ich häufiger, unabhängig vom Alter der Seelsorgesuchenden. Denn selbst viele queere Studierende haben trotz ihres jungen Alters schon einiges an Verletzungen, Beleidigungen und Ausgrenzungen erlebt. Die einen wurden allein stehen gelassen. Über sie wurde getuschelt und gelacht. Andere wurden in der Jugendgruppe gehänselt und beleidigt, weil sie irgendwie anders waren. Nicht Mädchen, nicht Junge, sie wussten es selbst nicht genau, wer sie waren. Sie passten in keine Schublade und spielten die üblichen Anmachspielchen nicht mit. Dann waren sie raus aus der Gruppe und standen allein da. Andere kommen zu mir, weil sie das Gefühl haben, nicht im richtigen Körper zu stecken. Sie denken über eine Geschlechtsangleichung nach oder wollen einfach nicht in Schubladen gepresst werden, wie es A. mir erzählt hatte. Gleichzeitig kommen nicht wenige aus gläubigen Elternhäusern und haben Angst, den Eltern davon zu erzählen.

Egal, wer zu mir kommt: Ich freue mich auf die Begegnung mit jungen und älteren Menschen, unabhängig davon, wer sie sind und woher sie kommen, egal, wie sie leben und lieben oder welche Geschlechtsidentität sie haben. Ich sehe sie als Kinder G:ttes, wunderbar nach G:ttes Ebenbild geschaffen, geliebt und gesegnet in ihrer Einzigartigkeit und Würde.

Wertschätzung und Respekt, die ich ihnen entgegenbringe, spüren sie. Viele sind dafür dankbar. Sie müssen sich nicht erklären oder rechtfertigen, sie müssen sich nicht vor einem moralischen Vortrag fürchten oder vor einer theologischen Sündenpredigt. Selbstverständlich kommen auch heterosexuelle Studierende wie Z. zu Seelsorgegesprächen, wenn sie respektiert werden. Anerkennung brauchen alle Menschen, auch und gerade in der Seelsorge.

Für mich ist es erschreckend zu sehen, wie viele junge Menschen bereits Abwertung im Familienkreis, in Schule, Sportverein oder in einer kirchlichen Jugendgruppe erlebt haben. Queersensible Seelsorge zeigt: »*Du bist wunderbar gemacht, so, wie du bist!*« *(nach Psalm 139,14)*. Akzeptanz und Anerkennung sind Grundlage der Seelsorgearbeit. Aus Überzeugung und nicht aus Pflichtgefühl.

3 Wissen: Kenntnis von Minderheitenstress

»*Sie wissen schon, Frau Pfarrerin, ich habe manchmal Angst davor, so beleidigt zu werden, wie ich das damals in meiner Gemeinde erlebt habe*« *(P.).*

Es nimmt Druck heraus, wenn eine Seelsorgerin Verletzung, Beleidigung und Häme kennt, die jemand aufgrund der sexuellen Orientierung oder der Geschlechtsidentität erlebt hat. Es nimmt Stress raus, wenn jemand einfach mal sagen darf: Sie kennen das, nicht wahr?

Körperlicher, seelischer und religiöser Minderheitenstress frisst sich in vielerlei Gestalt durch die Tiefenschichten einer Persönlichkeit. Gerade angeblich religiös autorisierte Sprache, die verteufelt und Menschen Hölle und Verdammnis androht, so wie das beispielsweise P. erlebt hat, kann Betroffene tief verletzen und verunsichern. Dies gilt insbesondere für Betroffene, die aus sehr frommen oder bibeltreuen Elternhäusern und Kontexten kommen. Auch religiös legitimierte Konversionstherapien können stark traumatische Auswirkungen haben.

Höllenpredigten und Androhung von Verdammnis haben oftmals toxische Langzeitwirkung und können das Selbstbewusstsein junger Menschen auf Jahre oder sogar Jahrzehnte hin beschädigen. Queersensible Seelsorger:innen wissen um diese vielschichtigen Folgen von Minderheitenstress. Sie beziehen diese in ihre Beratungsarbeit mit ein.

Eine vertrauliche Erzählung wird dadurch nicht zur Beichte, sondern kann Vergewisserung und Stärkung bewirken. Im Seelsorgegespräch kann ein geschützter Resonanzraum für Stress, Druck und verletzte Gefühle entstehen. Wenn diese Gefühle ernst genommen und bearbeitet werden, können daraus Freiräume werden. Darin kann ausprobiert werden, welche Handlungsmöglichkeiten die Seelsorgesuchenden von früher her kennen. Andere Ressourcen können entdeckt und gestärkt werden. Biblische Geschichten, Gebete und Rituale können helfen, Situationen zu versprachlichen und wertschätzend zu deuten. Dafür sind theologische Sprachfähigkeit und die Kenntnis von queertheologischen Re-Lektüren biblischer Texte wichtig und hilfreich.

Das Minderheitenstressmodell

Das Minderheitenstressmodell wurde von Ilan H. Meyer, einem Dozenten vom Williams Institute der UCLA School of Law in Los Angeles in den 1990er Jahren entwickelt (vgl. Meyer 1995). Das Modell besagt, dass Minderheiten und Angehörige von stigmatisierten Gruppen vermehrten Stressoren (strukturell und institutionell) aufgrund ihrer Minderheitenposition ausgesetzt sind. Dieser Stress ist vielschichtig und kann sich körperlich, emotional und religiös/spirituell ausdrücken. Es geht zudem nicht nur um situativen Stress, sondern um Stressfaktoren, die viele Betroffene ein Leben lang quälen. Gewisse Stress- und Angstzustände können sich somit chronifizieren und die Lebensqualität enorm einschränken. Bei LSBTIQ+-Personen kann es zu toxischem Selbsthass und/ oder zu verinnerlichter Homo-/Transfeindlichkeit oder Homo-/Transphobie bis hin zu schweren Depressionen führen.

Beispiele für körperlichen Stress

Physische Gewalt wird angedroht oder eingesetzt. Die Betroffenen erleben Bodyshaming, Häme und Beleidigungen, da ihr Aussehen angeblich nicht männlich beziehungsweise weiblich genug sei. Es wird Druck ausgeübt, sich anzupassen im Hinblick auf Körperhaltung, Ausstrahlung, Sex-Appeal, Frisuren, Make-up, Behaarung/Rasur und Kleidung. Gleichgeschlechtliche Sexualität wird verboten, kriminalisiert, pathologisiert, indem Gewaltausübung als Strafe angedroht wird. Alle Androhungen dienen dazu, die Betroffenen in heteronormative und binäre Verhaltenssysteme einzusperren.

Beispiele für psychischen/emotionalen Stress

Den Menschen werden gleichgeschlechtliche Verliebtseinsgefühle und Begehren implizit oder explizit verboten. Es wird Druck ausgeübt, sich im Hinblick auf männliche und weibliche Rollenzuweisungen und Verhaltensweisen anzupassen. Bei Nichtanpassung werden Entzug von Aufmerksamkeit und Anerkennung angedroht bis hin zum Ausschluss von Zugehörigkeit und Teilhabe an Familiensystemen/Peergruppen und sozialem Umfeld.

Beispiele für spirituellen/religiösen Stress

Die Behauptung, dass gleichgeschlechtliche Liebe und Sexualität nicht gottgewollt, sondern sündig seien und vom Teufel kämen, ist oft die Ursache für spirituelle Gewalterfahrungen (vgl. Schneider 2021).[14] Ebenso die Androhung von Liebesentzug, Hölle und Verdammnis. Solche Sätze werden vor allem von rechtsevangelikalen und fundamentalistischen Gruppierungen aller Konfessionen geäußert. Sie werden gezielt als Druckmittel eingesetzt, um zur Beichte zu gehen und Dinge zu gestehen, die als abartig oder verdammenswert angesehen werden. Es kann zur Ausgrenzung aus religiösen Gruppen kommen. Oder Menschen werden von Gottesdiensten, Abendmahl oder Eucharistiefeier oder von anderen kirchlichen Angeboten ausgegrenzt. Nicht wenigen queeren Gläubigen wurden alternative »Behandlungsansätze« von Exorzismus und Dämonenaustreibung bis hin zu religiös legitimierten Konversionstherapien[15] angeboten, die bei den Betroffenen extrem traumatische Folgen haben können. Menschen mit spirituellen Gewalterfahrungen sind daher besonders darauf angewiesen, dass Seelsorge queersensibel angeboten wird, damit keine Re-Traumatisierungen ausgelöst werden.

---

14 Hilde Raastad (2022) hat in ihrem autobiografischen Buch Formen spiritueller Gewalt, die sie als lesbische Frau und Theologin erlitten hat, eindrücklich beschrieben.

15 Konversionstherapien vermitteln den irrigen Eindruck, dass Homosexualität »heilbar« sei und zu einem asexuellen oder heterosexuellen Verhalten hin korrigiert werden könne, beispielsweise durch Licht- oder Elektroschocktherapien. Wissenschaftlich gibt es dafür allerdings keine Belege. Die Hirschfeld-Eddy-Stiftung (2020) schätzt die Zahl der Betroffenen in Deutschland auf ein- bis zweitausend. In Deutschland ist im Juni 2020 daher das »Gesetz zum Schutz vor Konversionsbehandlungen« (KonvBG; Bundesministerium der Justiz 2020) erlassen worden. Es schützt Minderjährige bis 18 Jahre. Ebenso bietet es Erwachsenen Schutz, die keine ausdrückliche Einwilligung zu solchen Anwendungen gegeben haben.

4 Bewertung: Perspektivwechsel und Handlungserweiterung

»*So habe ich das ja noch gar nicht gesehen!*« *(A.).*

In fast allen Seelsorgegesprächen im queeren Kontext begegnet mir an irgendeiner Stelle, dass die Ratsuchenden sich minderwertig, defizitär oder befleckt fühlen. Queer zu sein wird als Makel erlebt. Das Erleben spiegelt die Überzeugungen von Menschen aus dem sozialen Umfeld und/oder aus der religiösen Peergroup wider. Statt sie als strukturelle Probleme zu erkennen, werden die Zuschreibungen und Stereotype verinnerlicht und als persönliche Unzulänglichkeiten wahrgenommen. So ging es M., die sich mit ihrem späten Coming-out weder in der heterosexuellen noch in der queeren Welt als normal fühlte. So erlebte A. sich als zwischen allen Stühlen stehend, da die binär organisierte Welt einfach nicht passte. Und so erlebten es auch die Studierenden J. und P., die in einem universitären Umfeld doch eigentlich ganz andere Freiräume erleben sollten.

Es ist ein langer Prozess in der Seelsorge- und Beratungsarbeit, solche Ansichten in einen anderen Bezugsrahmen zu stellen (Reframing) und dadurch den Blick zu weiten für andere Sichtweisen. Dabei geht es meistens nicht nur darum, Perspektivwechsel einzuüben und Stärken zu entdecken.

Im religiösen Kontext geht es darüber hinaus vor allem um Bewertungen, die im Hinblick auf queere Lebensformen und Geschlechtsidentitäten zumeist negativ konnotiert sind und mit Zuschreibungen von Sünde und Gottesferne verknüpft werden. Der Kampf von P. gegen die Übermacht des strafenden und richtenden G:ttes und gegen die Aussagen des Pfarrers, verdammt zu sein und in der Hölle zu landen, zeigt diese Abwertungsspirale dramatisch auf. Aber auch die anderen Ratsuchenden ringen mit verinnerlichter Abwertung und geringem Selbstwertgefühl, wie es vor allem bei M. und Z. deutlich wurde.

Da sind behutsame Schritte nötig, um überkommene Bewertungen und Normen zu hinterfragen und Perspektiven zu verändern. Solche Schritte sind aber nur dann nachhaltig, wenn sie auf lange Sicht hin immer wieder eingeübt werden. Wer Sichtweisen ändert und Perspektiven weitet, lernt auch, die eigenen Handlungsspielräume zu erweitern und sich nicht nur als Opfer von Fremdzuschreibungen und Vorurteilen zu erleben. Welche Handlungsoptionen dann möglich sind, kann im sicheren Seelsorgegespräch gemeinsam ausgelotet und erprobt werden.

5 Herausforderung: »Clobber Passages«

»Aber es steht doch in der Bibel geschrieben, dass es sündig und nicht gottgewollt ist. Was soll ich denen denn in meiner Gemeinde sagen?« (J.).

Für eine queersensible Seelsorge ist es nicht notwendig, alle Bibelverse zu kennen, die Homosexualität negativ beurteilen. Wichtig ist es aber, deutlich zu machen, dass diese Texte über zweitausend Jahre alt sind und in einer völlig anderen Zeit und in nicht vergleichbaren kulturellen und religiösen Kontexten entstanden sind. Sie lassen sich daher nicht wörtlich als moralische Orientierung und Handlungsanweisung für das 21. Jahrhundert nutzen.

Hilfreich ist es dennoch gerade in bibeltreuen Milieus, die sogenannten »Clobber Passages« (englisch für »Knüppelpassagen« oder »Totschlagtexte«) zu kennen. Ich werde daher im Kapitel V eine kleine Übersicht über die Texte geben und was darüber im Seelsorgekontext gesagt werden kann.

Wichtig ist es darauf hinzuweisen, dass wissenschaftliche Erkenntnisse rund um sexuelle Orientierung und Geschlechtsidentitäten des 21. Jahrhunderts überhaupt nicht mit den Kenntnissen des ersten Jahrhunderts nach Christus oder vielen Jahrhunderten vor Christus vergleichbar sind. Daher können einzelne biblische Verse auch nicht als moralische Richtschnur für das 21. Jahrhundert genutzt werden.

6 Werkstatt: Queere Re-Lektüren biblischer Texte

Die Gesamtbotschaft der Bibel ist eine ermutigende und befreiende Botschaft. Diese Botschaft kann in queersensiblen Seelsorgegesprächen mit einfachen und alltagstauglichen Worten ausgesprochen werden, wenn das gewünscht wird.

Lebensgeschichten und Glaubensgeschichten

Was die queere Re-Lektüre biblischer Texte in allen bisherigen Fallbeispielen gezeigt hat: Es wurde den Seelsorgesuchenden möglich, ihre Lebensgeschichten auf eine biblische Geschichte zu beziehen und den Interpretationsraum in Schwingung zu bringen. Es half ihnen zu erkennen, dass schon in der Bibel Geschichten von Menschen erzählt wurden, die sich mit ihrem G:tt, mit Glauben, Zweifel, Krisen und Ungerechtigkeiten auseinandersetzen und lernen mussten, damit umzugehen. Außerdem half es ihnen, in den Geschichten zu entdecken, dass G:tt bei den Menschen blieb und sie nicht verstieß, obwohl sie mit G:tt und ihrem Schicksal haderten wie Jakob, Josef oder Elia. Oder sie mussten sich mit grundlegenden Veränderungen beschäftigen wie die Menschen, die mit Jesus zusammengelebt hatten und seinen Tod und seine Auferstehung verarbeiten mussten. Die Seelsorgesuchenden erlebten, dass queere Lebensgeschichten auf biblische Geschichten bezogen werden dürfen und dass sie als Akteure in der Interpretationswerkstatt eine wichtige Rolle spielen. Sie spürten, dass ihre Lebensgeschichten relevant sind und dass biblische Geschichten auch für ihr Leben bestärkend sein können. Für Menschen, die immer wieder hören, dass queer und christlich nicht zusammenpassen, sind das ermutigende Erfahrungen.

Kreative Energie
Biblische und alltägliche Geschichten aufeinander zu beziehen, setzte bei den Seelsorgesuchenden kreative Energie frei. Die undogmatische Beschäftigung mit biblischen Texten, die subjektive Bezüge und Assoziationen zuließ, statt sie zu verurteilen, wirkte auf sie befreiend. Sie wurden zu Subjekten im Gespräch statt zu Objekten von theologischen Lehrsätzen und moralischen Abwertungen. Insofern ist es hilfreich, queere Annäherungen an biblische Texte zu kennen oder zumindest offen dafür zu sein, persönliche Bezüge zu biblischen Texten zuzulassen. Dann können biblische Texte ermutigend und befreiend wirken.

7 Reflexion: Die Rolle der Seelsorger:innen

Street Credibility
In allen beschriebenen Seelsorgegesprächen war es den Seelsorgesuchenden wichtig, dass sie zu mir als offen lesbisch lebende Seelsorgerin kamen. Ich habe als queere Seelsorgerin eine gewisse »Street Credibility«, also Alltagsglaubwürdigkeit. Es wurde mir schon im Vorfeld der Gespräche ein gewisses Vertrauen entgegengebracht. Das hat den Vorteil, dass die Schwelle niedriger ist, bei einer queeren Person Seelsorge anzufragen und sich dieser Person zu öffnen. Nachteilig kann es allerdings sein, dass ein:e queere Seelsorger:in nicht automatisch alle Erwartungen erfüllen kann, kein:e bessere:r Seelsorger:in ist und auch nicht für alle Personen und Anliegen passt. Da kann die Enttäuschung dann auch schon mal doppelt so heftig ausfallen, wenn queere Seelsorger:innen den Erwartungen nicht standhalten.

Eine weitere Chance und Herausforderung zugleich ist das Einfühlungsvermögen. Queere Seelsorger:innen kennen vermutlich viele Probleme und Konflikte, die Ratsuchende ansprechen. Empathie und Verständnis für die Situation sind dadurch leichter gegeben. Allerdings kann starke Einfühlung auch dazu führen, dass queere Seelsorger:innen den Abstand verlieren, den sie für eine professionelle Seelsorge brauchen. Es können auch eigene traumatische Erfahrungen getriggert werden, die es schwieriger machen, weiterhin angemessen zu handeln. Es ist also ein schmaler Grat, sich im Seelsorgegespräch zwischen Nähe und Distanz, Einfühlung und Befremden, Wissen und Offenheit für Neues hin und her zu bewegen und stets den Rhythmus des Gegenübers im Blick zu behalten.

Aus diesen Gründen hat es verschiedene Vor- und Nachteile, wenn queersensible Seelsorge von ganz unterschiedlichen Seelsorger:innen angeboten wird. Solange die jeweiligen Herausforderungen reflektiert und die eigene Rolle und Position hinterfragt werden, können selbstverständlich alle Seelsorger:innen queersensible Seelsorge anbieten. Das gilt in gleicher Weise auch für andere Lebenserfahrungen, die nicht alle Seelsorger:innen selbst erlebt haben müssen, um professionelle Seelsorge in den Bereichen anbieten zu können.

Queersensible Kommunikation

Die Seelsorgesuchenden bezogen sich in den Fallbeispielen alle auf die queerfreundlichen Aussagen der Evangelischen Studierendengemeinde (ESG) auf deren Website und in den sozialen Medien. Einige erwähnten explizit queerfreundliche Veranstaltungen und Projekte der ESG, die sie bereits besucht hatten. Es zeigt deutlich: Seelsorger:innen müssen nicht queer sein, um queersensible Seelsorge anbieten zu können. Aber sie müssen glaubhaft deutlich machen können, dass sie queersensible Arbeit machen. Darüber hinaus müssen sie sich über folgendes Phänomen im Klaren sein:

Viele queere Personen sind misstrauisch bis abwehrend, wenn es um Angebote kirchlicher Einrichtungen und Institutionen geht. Zu viele von ihnen haben im kirchlichen Umfeld bereits Ausgrenzung, Abwertung oder Schlimmeres erfahren. Oder sie sind skeptisch, da sie Formen des »Pinkwashing« befürchten.[16] Daher geht niemand von ihnen »einfach so« zu einem Seelsorgegespräch. Die meisten erkundigen sich im Vorfeld sehr genau, was sie zu erwarten haben. Wenn auch nur der geringste Verdacht besteht, dass Seelsorger:innen ein ambivalentes oder sogar ablehnendes Verhältnis zu queeren Menschen haben, kommen sie nicht.

Queerfreundliches Setting

Queer sein *und* christlich sein umfasst eine komplexe und ambivalente Gemengelage, die Erfahrungen von Demütigung, Ausgrenzung und religiös legitimierter Abwertung einschließt. Insofern ist es wichtig, dass ein queersensibles Seelsorgesetting sichergestellt und auch öffentlich kommuniziert wird. In etwa so: Dieser

---

16 Dabei geht es um die scheinbare Unterstützung der LSBTIQ+-Bewegung, um modern und fortschrittlich zu wirken oder um neue Zielgruppen für Angebote und Produkte zu rekrutieren. Allerdings wird dies ohne eine erkennbare inhaltliche Positionierung oder Handlungskonsequenzen getan.

Ort ist ein sicherer Ort für queere Menschen. Er ist gastfreundlich, inklusiv und queerfreundlich. Entscheidend ist, dass dieser Ort das nicht nur auf seine Website schreibt, sondern auch durch queerfreundliche Projekte zeigt und selbstverständlich mit den Menschen vor Ort lebt. Wenn außerdem ein queersensibles Leitbild existiert und dazu noch Regenbogenflaggen, Flyer und Plakate anzeigen, dass der Ort queerfreundlich ist, dann werden queere Menschen kommen, den Ort mitgestalten und gegebenenfalls auch nach Seelsorge fragen.

V Umgang mit »Clobber Passages«

1 Herausforderung

»Clobber Passages« sind »Knüppelpassagen« oder »Totschlagtexte« gegen Homosexualität. Dazu gehören: Genesis 19,1–13; Levitikus 18,22; Levitikus 20,13; Römer 1,18–32; 1. Korinther 6,9f.; 1. Timotheus 1,9–10.

Die Verse werden wörtlich aus der Bibel zitiert, ohne in den historischen, kulturellen und sozialpolitischen Kontext der Entstehungszeit eingeordnet zu werden. Die wenigen Verse werden auf diese Weise unkritisch missbraucht, um die eigene abwertende Haltung gegenüber Homosexualität biblisch zu belegen und als unantastbares Gottesurteil zu markieren. Dadurch soll sie vor Gegenargumenten geschützt werden. Problematisch ist, dass wissenschaftliche Ansprüche einer hermeneutisch reflektierten Bibellektüre dabei wider besseres Wissen unterlaufen oder ganz ignoriert werden.

Moralische Verurteilung geschieht durch die wörtliche Zitierung von Einzelversen, die aus dem Zusammenhang gerissen werden. Dadurch werden Sätze wie *»Aber in der Bibel steht doch ...«*, *»G:tt verabscheut Homosexualität!«* und *»Das ist sündig und nicht gottgewollt!«* zu brutalen Waffen gegen Menschen, die sich dagegen kaum wehren können und wogegen scheinbar nichts gesagt werden darf.

»G:tt verdammt Homosexualität!« Wie praktisch, dass Menschen, die das schreiben und sagen, G:tt so gut kennen, dass sie solche Sätze wie eine religiös geladene Waffe nutzen, mit denen sie Menschen ins Herz treffen können. Denn es steht doch so in der Bibel, oder?

Dagegen steht die historisch-kritische Bibelhermeneutik, die unter Bibelwissenschaftler:innen schon seit über hundert Jahren anerkannt ist und bis heute praktiziert wird. Es geht um die zeitliche, geografische, kulturelle, religiöse und sprachliche Kontextualisierung biblischer Verse und ganzer biblischer Bücher. Es gilt zudem ein historisches Abstandsgebot im Hinblick auf die Auslegung der Texte. Das heißt, biblische Texte können zwei- bis dreitausend Jahre nach

Verfassung keine Auskunft geben hinsichtlich der Formen des Zusammenlebens und der Herausforderungen diverser Geschlechtsidentitäten des 21. Jahrhunderts, da diese modernen Beziehungs- und Lebensformen in den damaligen Texten überhaupt nicht bekannt sind.

Dennoch haben die »Clobber Passages« nach wie vor inhaltlich und moralisch in vielen christlichen Gruppen und Gemeinden eine enorm hohe Autorität und eine konkrete Auswirkung auf individuelle und kollektive Haltungen und Positionen. Insofern ist es für eine queersensible Seelsorge bedeutsam, eine gründliche theologische Klärung der bekannten Textstellen anzubieten. Wer nur auf den alle gleich liebenden G:tt verweist, missachtet die religiöse Not, die viele Seelsorgesuchende gerade im Hinblick auf die biblischen Aussagen mit sich herumtragen. Diese müssen ernst genommen und substanziell entkräftet werden. Dafür ist eine gewisse biblische Grundlagenarbeit wichtig, die ich im Folgenden in aller gebotenen Kürze vorstelle.[17]

2 Theologische Einordnung und Erklärung der »Clobber Passages«

Genesis 19, 1–13[18]
1 Die beiden Engel kamen am Abend nach Sodom. Lot saß im Stadttor von Sodom. Als er sie sah, erhob er sich, trat auf sie zu, warf sich mit dem Gesicht zur Erde nieder 2 und sagte: Bitte, meine Herren, kehrt doch im Haus eures Knechtes ein, bleibt über Nacht und wascht euch die Füße! Am Morgen könnt ihr euren Weg fortsetzen. Nein, sagten sie, wir wollen auf dem Platz übernachten. 3 Er bedrängte sie so sehr, dass sie bei ihm einkehrten und in sein Haus kamen.

Er bereitete ihnen ein Mahl, ließ ungesäuerte Brote backen und sie aßen. 4 Sie waren noch nicht schlafen gegangen, da umstellten die Männer der Stadt das Haus, die Männer von Sodom, Jung und Alt, alles Volk von weit und breit. 5 Sie riefen nach Lot und fragten ihn: Wo sind die Männer, die heute Nacht zu dir gekommen sind? Bring sie zu uns heraus, wir wollen mit ihnen verkehren. 6 Da ging Lot zu ihnen hinaus vor die Tür, schloss sie hinter sich zu 7 und sagte: Meine Brüder, tut doch nicht das Böse! 8 Seht doch, ich habe zwei Töchter, die noch nicht mit einem Mann verkehrt haben. Ich will sie zu euch herausbringen. Dann tut mit ihnen, was euch gefällt. Nur diesen Männern tut nichts; denn deshalb sind sie ja unter den Schutz meines Daches getreten.

---

17 Vgl. zu diesen Ausführungen insgesamt Plisch (2016); Lings (2013).
18 Vgl. Lings (2013, S. 241–281). Für eine vertiefte religionswissenschaftliche Untersuchung vgl. Brinkschröder (2006).

9 Sie aber sagten: Geh weg! Und sie sagten: Kommt da so einer daher, ein Fremder, und will sich als Richter aufspielen! Nun wollen wir dir Böseres antun, noch mehr als ihnen. Sie setzten dem Mann, nämlich Lot, arg zu und waren schon dabei, die Tür aufzubrechen. 10 Da streckten jene Männer die Hand aus, zogen Lot zu sich ins Haus und sperrten die Tür zu. 11 Dann schlugen sie die Männer draußen vor dem Haus, Groß und Klein, mit Blindheit, sodass sie sich vergebens bemühten, den Eingang zu finden. 12 Die Männer sagten zu Lot: Wer gehört hier noch zu dir? Ein Schwiegersohn, Söhne, Töchter oder sonst jemand in der Stadt? Bring sie weg von diesem Ort! 13 Wir wollen diesen Ort vernichten; denn groß ist das Klagegeschrei, das über sie zu G:tt gedrungen ist. G:tt hat uns geschickt, die Stadt zu vernichten.

Voreingenommene Interpretationen der biblischen Geschichte von Sodom und Gomorrha werden bis heute genutzt, um queere Menschen weltweit zu verleumden und zu verdammen. Dabei geht es in der Geschichte um etwas ganz anderes.

Was im Text steht
Was der Text in Genesis 19,1–13 zunächst einmal erzählt:

Zwei Engel besuchten Lot in der Stadt Sodom. Lot lud die beiden Fremden ein, gab ihnen zu essen und zu trinken und gewährte ihnen Gastfreundschaft und Unterkunft. Alle Männer von Sodom, Jung und Alt, hatten gehört, dass zwei Fremde bei Lot eingekehrt waren. Sie kamen zum Haus und kreisten es ein. Sie schrien Lot an, dass er die beiden Fremden herausgeben sollte, damit sie sie vergewaltigen konnten.

Lot versuchte, die Männer zu beschwichtigen, und bot ihnen seine zwei Töchter an, die beide noch Jungfrau waren. Er wollte das Gastrecht gegenüber den Fremden schützen und war dafür bereit, dem wilden Mob seine beiden Töchter auszuliefern. Die Fremden zählten in seiner patriarchalen Logik mehr als die Frauen. Der Mob beruhigte sich aber nicht und forderte weiterhin die Herausgabe der beiden Fremden. Da traten die beiden aus der Tür und schlugen die Männer mit Blindheit und vertrieben sie. Anschließend fragten sie nach den Familienangehörigen Lots. Denn alle anderen sollten zur Strafe vernichtet werden.

Wer war es?
Zur Rekapitulation: Alle Männer aus der Stadt Sodom hatten sich vor Lots Wohnung eingefunden. Ist es möglich, dass jeder in Sodom lebende Mann schwul war? Ganz sicher nicht. Eine Reihe von Studien schätzt, dass der Prozentsatz von gleichgeschlechtlich Liebenden in den meisten Kulturen zwischen 3 und 10 Prozent der Bevölkerung beträgt. Mit dieser Statistik als Leitfaden könnten nicht

mehr als 10 Prozent der Männer aus Sodom homosexuell gewesen sein. Oder anders ausgedrückt: 90 bis 97 Prozent der Männer an Lots Tür waren heterosexuell. Warum wurde die »Sünde Sodoms« dann ausschließlich auf homosexuelle Männer bezogen? Voreingenommenheit und Vorurteile haben diese Interpretation ermöglicht und durch die Jahrhunderte ins kollektive Gedächtnis eingegraben.

Die Sicht vom Propheten Ezechiel

Im biblischen Buch des Propheten Ezechiel wurde festgehalten, warum G:ttes Zorn gegen Sodom entfacht wurde:

»Dies war die Sünde von Sodom. Sie waren stolz, hatten zu viel zu essen und waren wohlhabend. Sie halfen aber nicht den Armen und Bedürftigen. Sie waren hochmütig und taten abscheuliche Dinge vor mir. Deshalb habe ich sie entfernt, als ich sie sah« (Ezechiel 16,49–50).

Der Prophet Ezechiel betonte klar, dass ein Übermaß an Stolz und ein Überfluss an Besitz und Reichtum zum Untergang von Sodom führte. Denn die Sodomiter wollten nichts mit den Armen und Bedürftigen teilen. Und sie übten abscheuliche Gewalt gegen Fremde, Frauen und Schutzbedürftige aus. Es ging um die fundamentale Verletzung des Gastrechts, um angedrohte sexualisierte Gewalt gegen Fremde und gegen die Töchter von Lot. Worum es in der Geschichte nicht ging: um Homosexualität!

Fremden- und frauenfeindliches Umfeld

Lot verteidigte zwar das Gastrecht gegenüber den Fremden. Aber er hätte seine Töchter dem wilden Mob geopfert, um sie ruhigzustellen. Er hätte sexualisierte Gewalt gegen seine Töchter billigend in Kauf genommen. Das ist der eigentliche Skandal der Geschichte.

Das ganze Setting zeigt ein fremden- und frauenfeindliches Umfeld in strikt patriarchalen und heteronormativen Machtverhältnissen. Sexualisierte Gewalt gegen Fremde, Frauen und Schutzbedürftige gehörte in dem männerdominanten Alltag der Städte Sodom und Gomorrha offensichtlich dazu.

Queere Perspektive

Aus queerer Perspektive wird deutlich, dass queere Personen in dieser Stadt genauso wenig willkommen gewesen wären wie Fremde und Schutzbedürftige. Die Geschichte wurde über Jahrhunderte missbraucht, um schwule Männer zu verdammen, obwohl es um sie überhaupt nicht ging. Zudem zeigt die Geschichte ein fremden-, frauen- und queerfeindliches Umfeld, von dem sich Schutzbedürftige auch heute fernhalten müssten. Die »Sünde Sodoms« ist also mitnichten die der Homosexualität, sondern dass das Gastrecht gebrochen und sexualisierte Gewalt angedroht wurde.

Aneignung göttlicher Macht

Eine weitere Auslegung besagt, dass die Männer Sodoms ahnten, dass es sich bei den Fremden um Götterboten handelte. Durch erzwungene Sexualität mit ihnen wollten sie sich ihrer bemächtigen und dadurch göttliche Macht, Autorität und Einfluss erhalten (vgl. Lings 2013, S. 281).

Die zugleich körperliche und religiös überhöhte Machtaneignung durch sexualisierte Gewaltanwendung war und ist bis heute ein gefürchtetes Motiv in der militärischen Kriegsführung. Es geht um Maßlosigkeit und Machtgewinn. Die Bereitschaft, sexualisierte Gewalt anzuwenden, egal gegen wen, war die »Sünde Sodoms«. Ausgeführt von allen Männern Sodoms.

Auswirkungen der Fehlinterpretation

Die Geschichte von Sodom und Gomorrha wurde durch die gesamte christliche Traditionsgeschichte hindurch zum schlagkräftigsten Argument gegen Homosexualität stilisiert. Der Text wurde zu dem Beweis schlechthin, dass G:tt schwule Männer hasst. Die sprichwörtlich gewordenen negativ konnotierten »Sodomiten« sind bis heute sprachlicher Ausdruck dieser Fehlinterpretation, die unendliches Leid über schwule Männer und andere queere Personen gebracht hat. Es zeigt, welche katastrophale Auswirkung die bewusste Falschauslegung biblischer Verse durch die Jahrhunderte hindurch haben konnte. Sie führte zu Verleumdung und Ausgrenzung bis hin zu Mord und Scheiterhaufen.

Die Geschichte von Sodom und Gomorrha hat maßgeblich zur Legitimierung christlicher Verfolgung und Verdammung von schwulen Männern beigetragen. Es wird Zeit, die Fehlinterpretation endgültig klarzustellen und den Text nie mehr als Waffe gegen unschuldige Menschen einzusetzen.

Levitikus 18,22 und 20,13[19]

18, 22 Du darfst nicht mit einem Mann schlafen, wie man mit einer Frau schläft; das wäre ein Gräuel.

20, 13 Schläft einer mit einem Mann, wie man mit einer Frau schläft, dann haben sie eine Gräueltat begangen; beide haben den Tod verdient; ihr Blut kommt auf sie selbst.

---

19 Vgl. Lings (2013, S. 195–238).

Das Buch Levitikus, also das 3. Buch Mose, ist kein biblisches Geschichtsbuch, sondern eine Sammlung von Gesetzen und Anweisungen, wie sich das Volk Israel zu verhalten hatte. Die Sammlung war vor allem für die Priester bestimmt (Levitikus 1,1). Die Gesetze sollten der monotheistischen Gemeinschaft Israels auf ihrer Reise durch polytheistische Völker Weisung und Orientierung geben. Die Gesetze hoben das hebräische Volk religiös und kulturell von seinen Nachbarn ab (Levitikus 20,22–24): Die Gesetze definierten insofern neue Wege der Gottesverehrung, schafften einen gemeinsamen Ansatz für gerechtes Zusammenleben und deckten alle Aspekte des Lebens in Gemeinschaft ab. Es ging vor allem um Reinheitsgebote.

Die beiden zitierten Bibelstellen kommen aus dem sogenannten Heiligkeitsgesetz (Levitikus 17–26). Diese Kapitel handeln in besonderer Weise davon, wie Israel sich im Umgang mit G:tt zu verhalten hatte und wie jeder und jede Einzelne kultische Reinheit vor G:tt erlangen konnte. Die beiden Verse sind Teil von langen Reihen von Lasterkatalogen, in denen ganz verschiedene Handlungen als gottlos bezeichnet wurden.

Es ging um Speisevorschriften, Kleiderverordnungen, Verbot von Kultprostitution und Götzendienst und den Umgang mit Opfertieren. Gemischte Stoffe zu tragen war genauso verboten wie verschiedene Speisen miteinander zu vermischen und zu essen.

Die Liste der Handlungen, die als unzüchtig und todeswürdig galten, ist lang: Götzendienst, Wahrsagerei, Kinderopfer, Inzucht, Sex während der Periode, Polygamie, Ehebruch, Gewaltanwendung, Sex mit Tieren, homosexueller Analverkehr zwischen Männern und vieles mehr. Adressaten dieser Listen waren stets verheiratete Männer. Denn fast alle Männer im heiratsfähigen Alter waren damals verheiratet. Auf jeder Form der Übertretung der Anweisung stand die Todesstrafe.

Es ging in diesen Listen also nicht darum, gleichgeschlechtliche Partnerschaften zu verdammen. Die waren damals kulturell und sozial überhaupt nicht denkbar. Stattdessen ging es insgesamt darum, die verschiedensten Formen von außerehelicher Sexualität, Ehebruch und Gewalt von verheirateten Männern zu verhindern.

Die Hygienevorschriften und Vorschriften zum Schutz von Ehe und Zusammenleben hatten damals existenzielle Bedeutung. Übertretungen wurden streng geahndet. Deren Einhaltung galt auch als Abgrenzung gegenüber den Sexualpraktiken der umliegenden Völker und Kulturen. Interessant ist die Tatsache, dass aus all den zahlreichen Vorschriften und Reinheitsgeboten allein die beiden Verse zur Verdammung von Sexualität zwischen Männern zitiert werden und daraus der Anspruch erhoben wird, Aussagen für das 21. Jahrhundert ziehen zu können. Bei allen anderen Vorschriften aus diesen Kapiteln wird aufgrund des zeitlichen und kulturellen Abstands abgewunken.

Römer 1,21–27[20]
21 Denn obwohl sie G:tt erkannt haben, haben sie ihn nicht als G:tt geehrt und ihm nicht gedankt, sondern verfielen in ihren Gedanken der Nichtigkeit und ihr unverständiges Herz wurde verfinstert. 22 Sie behaupteten, weise zu sein, und wurden zu Toren 23 und sie vertauschten die Herrlichkeit des unvergänglichen G:ttes mit Bildern, die einen vergänglichen Menschen und fliegende, vierfüßige und kriechende Tiere darstellen.

24 Darum lieferte G:tt sie durch die Begierden ihres Herzens der Unreinheit aus, sodass sie ihren Leib durch ihr eigenes Tun entehrten. 25 Sie vertauschten die Wahrheit G:ttes mit der Lüge, sie beteten das Geschöpf an und verehrten es anstelle des Schöpfers – gepriesen ist er in Ewigkeit. Amen. 26 Darum lieferte G:tt sie entehrenden Leidenschaften aus: Ihre Frauen vertauschten den natürlichen Verkehr mit dem widernatürlichen; 27 ebenso gaben auch die Männer den natürlichen Verkehr mit der Frau auf und entbrannten in Begierde zueinander; Männer treiben mit Männern Unzucht und erhalten den ihnen gebührenden Lohn für ihre Verirrung.

Die Ursache für den Zorn des Paulus in dieser Passage war nicht Homosexualität. Sie war nur eine der aufgezählten Folgen von Unglauben. Stattdessen war Paulus zornig auf alle diejenigen, die G:tt nicht anbeteten und ihm nicht treu waren. Die Schuld der Menschen war, dass sie sich selbst und ihre Götzen huldigten und lobten. Folge davon war, dass sich Menschen gegenseitig das Leben zur Hölle machten. Dazu führte Paulus jede Menge Beispiele in seinen Lasterkatalogen auf. Nur eine Folge von vielen war, dass heterosexuelle Männer und Frauen heterosexuellen Sex für Sex mit jemandem des gleichen Geschlechts aufgaben (sexuelle Verirrung als Folge von Unglauben). Homosexuelle Akte sah Paulus als ein Laster von vielen an. Es war keine herausgehobene Sünde. Paulus richtete sich mit seinen Lasterkatalogen als Folge von Unglauben an alle Männer und Frauen, die er vor allem in den Hafenstädten von Rom und Korinth vor Augen hatte. Es handelte sich um Promiskuität und Prostitution in allen damals bekannten Spielarten.

Es ging Paulus um die Botschaft von Zusammenleben und Liebe, wie sie Jesus im Doppelgebot der Liebe gepredigt und vorgelebt hatte. Dieser Botschaft sollte Geltung verschafft werden, statt eine besondere Form der Sexualität besonders zu verdammen.

---

20 Vgl. Lings (2013, S. 521–564).

Paulinische Lasterkataloge dienten darüber hinaus als Abstandshalter zu anderen Kulturen und Religionen. Wer danach vom Reich G:ttes ausgeschlossen werden sollte: Diebe, Geizige, Lästerer, Trunkenbolde, Räuber, Mörder und »malakoi oude arsenokoitais«.

»Malakoi« ist das griechische Wort für sanft, schwach, feminin, passiv (→ keine richtigen Männer, sondern »Lustknaben« und »Weichlinge«). »Arsenokoitais« ist das griechische Wort für männliche Prostituierte und Sklaven, die Gesetze brechen (sie brachen das Gebot der Männlichkeit, sich nicht passiv von Männern penetrieren zu lassen). Die Gesetze sollten dafür sorgen, dass die damaligen Männlichkeitsvorstellungen und patriarchalen Machtstrukturen nicht kompromittiert wurden. Kritisiert wurden damals gängige sexuelle Kontakte zwischen heterosexuellen Männern im Rahmen von (Kult-)Prostitution und Sklaverei (zwischen Herren und Sklaven). Im multikulturellen römisch-griechischen Kulturraum des ersten Jahrhunderts war es nicht ungewöhnlich, dass männliche und weibliche Sklaven von ihren männlichen Herren vergewaltigt und in die demütigende Rolle von Sexsklaven gezwungen wurden. Paulus verurteilte damit sowohl die Praxis von männlicher Prostitution und Pädophilie als auch insgesamt die Praxis von Sexsklaven. Diese Praktiken wurden in der Folge sowohl von der frühchristlichen Kirche als auch vom Judentum verboten.

1. Korinther 6,9-10
9 Oder wisst ihr nicht, dass die Ungerechten das Reich G:ttes nicht ererben werden? Täuscht euch nicht! Weder Unzüchtige noch Götzendiener noch Ehebrecher noch Lustknaben (malakoi) noch Knabenschänder (arsenokoitai) 10 noch Diebe noch Habgierige noch Trunkenbolde noch Lästerer noch Räuber werden das Reich G:ttes ererben.

1. Timotheus 1,8-11
8 Wir wissen aber, dass das Gesetz gut ist, wenn es jemand recht gebraucht, 9 weil er weiß, dass dem Gerechten kein Gesetz gegeben ist, sondern den Ungerechten und Ungehorsamen, den Gottlosen und Sündern, den Unheiligen und Ruchlosen, den Vatermördern und Muttermördern, den Totschlägern, 10 den Unzüchtigen, den Knabenschändern (arsenokoitai), den Menschenhändlern, den Lügnern, den Meineidigen und wenn noch etwas anderes der heilsamen Lehre entgegensteht, 11 nach dem Evangelium von der Herrlichkeit des seligen G:ttes, das mir anvertraut ist.

Auch in diesen beiden Bibelstellen im 1. Korintherbrief und im 1. Timotheusbrief handelt es sich um Lasterkataloge, in denen Paulus Folgen von Gottesferne aufzählt. Männliche Sexualkontakte mit minderjährigen Jungen zählte Paulus dazu. Dazu gehörten auch in diesen Lasterkatalogen Ehebrecher, Götzendiener, Diebe, Trunkenbolde, Gotteslästerer und Habgierige und viele mehr. Homosexualität wird in diesen beiden Texten weder genannt noch besonders in den Blick genommen. Die Lasterkataloge sind ganze Reihen von Verfehlungen, die Paulus als Beispiele für Gottesferne anführte, ohne sich mit den einzelnen Handlungen näher zu befassen.

Paulus war selbst mehrfach in Hafenstädten wie in Korinth und kannte gewiss Phänomene der sexuellen Ausbeutung von Minderjährigen und Unfreien und alle Formen der Prostitution. Insofern bildete er in den Lasterkatalogen seine damalige Lebenswirklichkeit ab, gegen die Paulus gleichzeitig anschrieb. Er warb dafür, dass die Mitglieder der christlichen Gemeinden sich von den aufgeführten Lastern fernhielten und sich stattdessen auf Gotteslob und ein friedliches Zusammenleben konzentrierten. Um die Heraushebung eines bestimmten Lasters ging es Paulus hingegen nicht. Sonst hätte er die Verfehlungen nicht in summarischen Lasterkatalogen zusammengefasst.

3 Fazit

Es lässt sich festhalten, dass moderne Vorstellungen von schwulen, lesbischen, bisexuellen und queeren Sexualitäten und Lebensformen in der paulinischen und nachpaulinischen Zeit (circa 50 bis 150 nach Christus) genauso unbekannt waren wie zurzeit der priesterlichen Gesetzgebungen im Buch Levitikus (circa 1500 vor Christus). Daher wurde darüber in biblischen Texten auch nicht geschrieben. Folglich können und dürfen die damaligen Texte nicht als Richtschnur für individuelles Verhalten, gleichgeschlechtliche Liebesbeziehungen, Partnerschaften und einvernehmliches Zusammenleben im 21. Jahrhundert herangezogen werden.

Für eine queersensible Seelsorge ist es wichtig, diese Botschaft klar und deutlich zu formulieren. Für viele reicht es allerdings nicht, dies einfach nur zu behaupten. Dann ist es notwendig, die einzelnen Bibelstellen durchzugehen, zu erklären und in den jeweiligen Kontext einzuordnen, so, wie ich es in diesem Kapitel versucht habe.

UMSETZEN

VI Queersensible Seelsorge bei Kasualhandlungen

Kasualhandlungen sind anlassspezifische kirchliche Angebote wie Konfirmation, Taufe, Trauung oder Trauerfeiern. Sie begleiten Menschen bei wichtigen Anlässen und Wendepunkten des Lebens mit christlichen Gottesdiensten und Ritualen. Im Hinblick auf queere Personen kommen zu den bekannten Kasualhandlungen noch andere hinzu wie beispielsweise Segnungsgottesdienste für gleichgeschlechtliche Paare oder Namensfeste von trans* Personen nach ihrer Transition (vgl. Glossar; siehe außerdem EKHN 2018). Darüber hinaus brauchen auch die traditionellen Angebote aufgrund der bisher vorgestellten Themen und Bedarfe eine queersensible Aufmerksamkeit, wenn es um queere Personen oder Regenbogenfamilien geht. Im Folgenden weise ich auf einige Herausforderungen und Chancen hin und reflektiere sie.

1 Trauungs- und Segnungsgottesdienste

Wenn Segnungsgottesdienste und Trauungen für queere Paare in Kirchen gefeiert werden, gibt es bei den Vorgesprächen, Planungen und bei der Feier selbst nicht selten intensive Begegnungen und Gespräche über lebensgeschichtlich relevante Themen. Es sind gleichsam anlassbezogene seelsorgliche Gesprächssequenzen. Sind alle Familienmitglieder positiv eingestellt gegenüber queeren Menschen und ihren Beziehungen? Gibt es Konflikte oder Verwerfungen deswegen? Welche Erfahrungen haben die Anwesenden mit ihrem Coming-out gemacht? Gab es Verletzungen? All diese Fragen spielen im Vorgespräch zur Vorbereitung eines Segens- oder Traugottesdienstes genauso eine Rolle wie die Auswahl des Trautextes, der Musik und die Besprechung des Gottesdienstablaufs.[21]

---

21 Zu theologischen und liturgischen Überlegungen zu Gottesdiensten und Andachten im Kontext von gleichgeschlechtlichen Paaren und queeren Themen siehe Meister (2019) und Harasta (2016).

Wenn Vorgespräche mit queeren Paaren geführt werden, ist eine queersensible Haltung genauso bedeutsam wie in jedem anderen Seelsorgegespräch auch.

Im Folgenden beschreibe ich den Entscheidungsprozess bis zur Umsetzung eines Segensgottesdienstes in der Kirchengemeinde, in der ich als Gemeindepfarrerin in Frankfurt gearbeitet habe. Die Segensfeier fand im Jahr 2002 statt, also bevor die Synode (Kirchenparlament) der Evangelischen Kirche in Hessen und Nassau (EKHN) im Jahr 2003 beschloss, gleichgeschlechtliche Segensfeiern offiziell zu ermöglichen. In den Jahren zuvor gab es die Praxis, dass der Kirchenvorstand der angefragten Gemeinde im Einzelfall entscheiden musste, ob ein solcher Segensgottesdienst in der Gemeinde stattfinden konnte oder nicht.

1.1 Anfrage

Zwei lesbische Frauen, die ich in der Gemeinde bereits auf Veranstaltungen kennengelernt hatte, wollten von mir in einem öffentlichen Gottesdienst in der Kirche gesegnet werden. Es war zeitlich dringend, denn eine der beiden Frauen war an Krebs im Endstadium erkrankt. Ich besuchte die beiden regelmäßig und versprach ihnen, das Thema im Kirchenvorstand anzusprechen. Mein Kollege war eingeweiht, und er unterstützte meinen Antrag.

Debatten im Kirchenvorstand

So setzten wir eine offene Debatte über das Thema in der folgenden Kirchenvorstandssitzung an. Ich eröffnete die Sitzung mit einem einführenden theologischen Impuls zum Thema. Danach begann die inhaltliche Debatte. Einige Gemeindevorstände positionierten sich gegen meine Position. Es könne doch unmöglich eine homosexuelle Beziehung in der Kirche gesegnet werden, obwohl in der Bibel steht, dass Homosexualität ein Gräuel sei. Zwei Stunden diskutierten wir in einer emotional aufgeladenen Sitzung über das Thema. Schließlich vertagten wir die Entscheidung auf eine thematische Sondersitzung eine Woche später. Alle Seiten wurden gebeten, in sich zu gehen, die Argumente noch einmal gut abzuwägen und für sich zu prüfen, ob das konkrete Anliegen des lesbischen Paares aus der Gemeinde nicht ein wichtiger Anlass sein konnte, über den eigenen Schatten zu springen, Prinzipien beiseitezulegen und sich für die Menschen zu entscheiden. In der darauffolgenden Woche wurde in allen möglichen Gruppen in und außerhalb der Gemeinde im Stadtteil über das Thema diskutiert.

Entscheidung des Kirchenvorstands

Auf der Sondersitzung des Kirchenvorstands wurden einige Argumente und Bedenken noch einmal vorgetragen und vertieft. Die Debatte verlief weniger emotional als in der Woche davor. Alle hielten sich daran, sich respektvoll den Andersdenkenden gegenüber zu verhalten. Danach war alles gesagt, und wir schritten zur Abstimmung. Eine deutliche Mehrheit entschied sich für die Segnung des lesbischen Paares und sprach sich auch generell für die Segnung schwuler und lesbischer Paare in der Gemeinde aus. Vier Personen ließen ein Minderheitenvotum zu Protokoll geben. Sie waren aus theologisch-biblischen Gründen gegen solche Segnungsfeiern. Sie wollten ihre Position im Protokoll dokumentiert haben. Das akzeptierten alle, und so beendeten wir die Sondersitzung, ohne dass der Gemeindefrieden gestört war. »Versöhnte Verschiedenheit« nannten wir unser Abkommen.

Vorgespräche
In den drei Vorgesprächen mit den beiden Frauen erzählten sie mir, wie sie sich kennen und lieben gelernt hatten. Was sie miteinander verband und warum sie sich kirchlich segnen lassen wollten.

»*Na ja*«, sagte K. »*Ich bin jetzt keine klassische Kirchgängerin oder so. Aber ich bin religiös aufgewachsen. Mein Glaube ist nicht traditionell, aber da. Und weil Y. so krank ist, ist es mir ganz wichtig, dass wir als Paar gesegnet werden. Es ist wie ein Schutzzeichen, das wir dringend brauchen.*«

Und auf meine Nachfrage fügte Y. hinzu: »*Ich bin eher so ein Freigeist und nicht kirchlich gebunden. Aber seitdem du hier in der Gemeinde bist, hat sich was verändert. Es ist offener geworden und die Themen haben was mit unserem Leben zu tun. Das finde ich gut. Und seitdem ich weiß, dass ich nicht mehr lange zu leben habe, ist es mir ein Herzensanliegen, mit K. gemeinsam gesegnet werden. Es ist wie ein Siegel für unsere Beziehung. Außerdem möchten wir gern noch einmal alle einladen, die mit uns befreundet sind. Es soll ein Fest werden, mit G:ttes Segen!*«

Im letzten Vorgespräch sprachen wir über den Bibeltext, den die beiden Frauen sich ausgesucht hatten. Er kam aus der Geschichte von Ruth und Naomi. Ich hatte ihnen den Text vorgeschlagen. Ich erzählte ihnen die Geschichte aus queerer Perspektive. Im Anschluss kamen wir darüber lebhaft ins Gespräch.

1.2 Queere Re-Lektüre des Buchs Ruth[22]

Das Buch Ruth gehört zu den Büchern des Alten Testaments. Die Geschichte soll sich circa 1100 vor Christus, also noch vor der Königszeit zur Zeit der Richter in Israel, zugetragen haben.

Der Anfang der Geschichte
Der Bauer Elimelech und seine Frau Naomi aus Bethlehem brachen mit ihren zwei Söhnen Machlon und Kiljon ins Nachbarland Moab auf, weil in ihrer Heimat Beth-

---

22 Diese queere Re-Lektüre veröffentlichte ich erstmals in: Söderblom (2020a, S. 46–50).

lehem eine Hungersnot herrschte. Der Weg nach Moab war lang und beschwerlich. Überall lauerten Gefahren. Aber sie kamen sicher in Moab an und gründeten dort eine neue Existenz. Nach einiger Zeit heiratete der eine Sohn Machlon die Moabiterin Ruth. Der andere Sohn Kiljon heiratete die Moabiterin Orpa. Ruth und Orpa wurden herzlich in die Familie aufgenommen. Nicht lange nach dem Umzug nach Moab starb Elimelech an einer schweren Krankheit. Der Sohn Machlon starb an einem Fieber. Kurz danach verunglückte auch der andere Sohn Kiljon tödlich. Die drei Frauen Naomi mit ihren Schwiegertöchtern Ruth und Orpa blieben allein zurück. Ihre Existenz war bedroht. Denn Frauen waren ohne Männer an ihrer Seite rechtlich und ökonomisch weder abgesichert noch geschützt. Als sei nicht schon genug Unglück geschehen, brach nun auch in Moab eine Hungersnot aus. Da entschied Naomi, wieder in ihre Heimat Israel zurückzukehren.

Aufbruch
Naomi bereitete alles vor und eines Tages brach sie auf, um den langen Weg in ihre Heimat anzutreten. Ihre Schwiegertöchter begleiteten sie bis an die Grenze zwischen Moab und Israel. Dort kam es zur entscheidenden Wegkreuzung. Sie wurde für die drei Frauen zur Lebenskreuzung. Naomi bat ihre beiden Schwiegertöchter, wieder nach Moab zurückzukehren. Sie sollten sich andere Männer suchen, um ihre Existenz zu sichern. Orpa drehte darauf nach kurzer Überlegung weinend um und kehrte nach Moab zurück. Ruth entschied sich anders. Sie versprach Naomi, bei ihr zu bleiben und ihr treu zu dienen. Ruth entschied sich damit für ein Leben mit Naomi, obwohl sie wusste, dass zwei Witwen allein ohne Männer in jener Zeit nicht überlebensfähig waren.

Ruths Treueschwur
Was Ruth zu Naomi sagte:
»*Überrede mich nicht, dich zu verlassen. Ich will mit dir gehen. Wo du hingehst, will ich auch hingehen, und wo du lebst, will ich auch leben. Dein Volk wird mein Volk sein und dein G:tt wird mein G:tt sein. Wo du stirbst, will ich auch sterben, und dort will ich begraben werden. G:tt tue mir dies und das, nur der Tod wird mich von dir scheiden*« (Ruth 1,16).

Eine Zwischenbetrachtung
Der Ausspruch von Ruth gegenüber ihrer Schwiegermutter Naomi ist bemerkenswert. Er ist ein starkes Zeichen von Liebe, Loyalität und Fürsorge. Er klingt wie der Treueschwur einer Liebenden. Tatsächlich ist dieser biblische Text aus dem Buch Ruth im Laufe der Zeit bis heute einer der beliebtesten (heterosexuellen) Trausprüche geworden. Er wird bei kirchlichen Trauungen oft verwendet.

Zumeist wird er allerdings zitiert, ohne dass die Beteiligten den Zusammenhang kennen. Die wenigsten wissen, dass der Text eigentlich ein Treueschwur von einer Frau zu einer anderen ist.

Bibelwissenschaftler:innen und Exeget:innen haben zudem herausgearbeitet, dass das Wort mitgehen (hebräisch »davka«) dasselbe Wort ist, das in Genesis 2,24 benutzt wird, um die Beziehung zwischen einem Mann und einer Frau bei einer Eheschließung zu beschreiben (seiner Frau anhangen). Diese Tatsache unterstreicht, dass es bei dem Ausspruch um einen Treueschwur geht (vgl. Lings 2013, S. 576–579).

Um den Satz verstehen zu können, ist es wichtig, den Kontext dieses Ausspruchs zu verdeutlichen. Die beiden Frauen lebten in einem streng patriarchalen System, in dem Männer das Sagen hatten und Witwen ohne Kinder Freiwild ohne Schutz und ohne ökonomische Absicherung waren. Aber statt zurück nach Moab zu gehen und sich einen neuen Mann zu suchen, entschied sich Ruth, bei ihrer Schwiegermutter Naomi zu bleiben. Sie war dazu bereit, Naomis Sprache zu lernen, ihren G:tt und ihre Religion anzunehmen und in ihrem Land zu leben. Ruth entschied sich mit allen Konsequenzen für ein Leben mit Naomi. Alle, die Migrationsgeschichten kennen oder selbst erlebt haben, wissen, wie schwierig und schmerzhaft das ist.

Queere Lesart
In einer queeren Lesart des Textes kann Ruths Entscheidung als Entscheidung für ein Lebensbündnis angesehen werden, ohne das Zusammenleben näher etikettieren zu müssen. Diese Form des Zusammenlebens ging über Generations-, Geschlechter-, Religions- und Ländergrenzen hinweg. Manche Forscher:innen bezeichnen diese Verbindung daher als Liebesverbindung zwischen den beiden Frauen. Ob es so war, wissen wir nicht. Es ist auf jeden Fall denkbar. Es ist aber gar nicht nötig, dieser Verbindung einen Namen zu geben. Denn sie steht für sich. Klar ist, dass die beiden Frauen eine besonders enge Gemeinschaft und Fürsorge füreinander verbunden hat.

Wie die Geschichte weiterging
Nach langer Wanderschaft kamen die beiden Frauen wohlbehalten in Bethlehem an. Sie zogen in das leer stehende Haus von Naomis verstorbenem Ehemann Elimelech. Ihre Situation war prekär. Sie hatten kein Einkommen und keine Absicherung.

Aber Naomi hatte aufgrund ihrer Kenntnis des jüdischen Rechts und der traditionellen Gegebenheiten eine Überlebensstrategie entworfen. Sie plante eine sogenannte »Leviratsehe«, zu Deutsch Schwagerehe, zwischen Ruth und Boas (vgl. zur Leviratsehe Deuteronomium 25,5 ff.). Boas war ein Schwager von Naomi. Im jüdischen Recht war vorgesehen, dass eine kinderlose Witwe von einem Bruder des Verstorbenen geheiratet werden sollte, damit die Frau Nachkommen bekommen und versorgt werden konnte. Anders war das Überleben für Frauen damals nicht denkbar. Naomi wusste um das Recht von Witwen auf eine Leviratsehe und plante sie für Ruth. Naomi wurde damit zur Akteurin und Strippenzieherin der nachfolgenden Geschichte. Ruth ihrerseits vertraute Naomis Plan und ließ sich darauf ein. Beide waren realistisch genug zu wissen, dass sie keine andere Wahl hatten, wenn sie überleben wollten.

Ruth besuchte daraufhin auf Anraten von Naomi regelmäßig die Weizenfelder von Boas, um dort Ähren aufzulesen. Denn der zehnte Teil der Ernte blieb nach jüdischem Recht für Arme, Fremde und Witwen liegen, um ihnen eine Existenzsicherung zu bieten. Nach einigen Tagen wurde Boas auf Ruth aufmerksam, erkundigte sich nach ihr und machte sich mit ihr bekannt. Von da an stellte er sie unter seinen Schutz.

Die »Auslösung«
Wieder war es nun Naomi, die den nächsten Schritt plante. Sie wies Ruth an, abends zum Zelt von Boas zurückzukehren und sich neben ihn aufs Lager zu legen. Boas sollte sie »auslösen«, indem er sie schwängerte. Kalkuliertes Ziel war die Heirat der beiden.

Es kam genau zu diesem Familienarrangement zwischen Ruth und dem viel älteren Boas. Es war ein Arrangement im Rahmen des damals gültigen jüdischen Rechts. Die Leviratsehe war so etwas wie die Sozialversicherung für kinderlose Witwen.

Boas wurde also zum »Auslöser« für Ruth, damit sie Nachkommen bekommen konnte und in der patriarchalen Logik wieder eine gesicherte Position in der Gemeinschaft einer Familie erhielt. Auch Naomi konnte dadurch wieder einen Platz in einem ökonomisch und sozial gesicherten Familienverband finden. Das Arrangement wurde auch von den anderen Frauen in Bethlehem anerkannt. Sie kommentierten die Entwicklung. Sie priesen G:tt und dankten ihm, dass Naomi und Ruth einen »Löser« gefunden hatten. Dann riefen sie: »*Naomi ist ein Sohn geboren worden*« (Ruth 4,17).

Das ist eine bemerkenswerte Wortwahl. Die Frauen sagten nicht, dass Ruth einen Sohn für Boas geboren hatte, sondern für Naomi. Dieser Kommentar der Frauen bestätigt den Eindruck, dass zwischen Ruth und Naomi eine starke Bindung bestanden haben musste. Boas gehörte in dieses Arrangement. Aber die emotionale Bindung herrschte vor allem zwischen Ruth und Naomi.

Ruth und Boas nannten ihren Sohn Obed. Er ist der Großvater Davids, des späteren König Davids und des Ahnherrn Jesu. Eine Mehrgenerationen-Patchworkfamilie wurde damit König Davids Familie.

Schlussbetrachtung
Ruths Liebe zu Naomi dominiert die biblische Geschichte. Ruth gab ihre Zukunft in Moab auf, um als verwitwete Frau ihrer Schwiegermutter Naomi zu folgen. Sie nahm es auf sich, in der Fremde ohne gesicherte Existenz zu leben. Liebe, Treue und Fürsorge für Naomi zählten für Ruth mehr als ihr eigenes Schicksal. Es ging um Frauensolidarität und gegenseitige Fürsorge.

Ruth und Naomi sind die Subjekte dieser Geschichte. Sie übernahmen die Initiative. Naomi plante die nächsten Schritte und Ruth setzte sie um. Sie nutzten dafür die patriarchale Rechtsprechung. Gleichzeitig unterliefen sie diese, indem sie sie nach ihren Interessen steuerten. Ökonomisch sicherten sie sich damit innerhalb des Systems ab. Es war eine Überlebensstrategie. Im Buch Ruth hat G:tt diese Überlebensstrategie gesegnet. Ruth fand unter G:ttes Flügeln Schutz (Ruth 2,12), so, wie sie unter Boas Gewand ausgelöst wurde (Ruth 3,9). Das gleiche hebräische Wort »kanap« unterstreicht den doppelten Schutz, der Ruth zuteilwurde. Und Ruth wurde schwanger und bekam einen Sohn. Damit war ihre und Naomis Altersversorgung gesichert und die Generationsabfolge bis zu König David auch.

Die beiden Frauen nutzten das Familienarrangement, um mit Boas und Sohn Obed gemeinsam leben zu können. Heute könnte man Regenbogenfamilie dazu sagen.

1.3 Resonanzen
Den beiden Frauen gefiel, dass die beiden Frauen die Hauptakteurinnen des Buchs waren und dass sie sich Liebe und Treue schworen, egal, was noch passieren sollte. Sie fanden es außerdem beeindruckend, dass die beiden später mit Boas und dem Sohn Obed in einer bunten Patchworkfamilie zusammenlebten und dadurch trotz des patriarchalen Umfelds gemeinsam leben konnten. Den Treueschwur von Ruth mochten sie am meisten.

»*Das ist doch eine ganz klare Liebeserklärung!*«, entfuhr es Y. aufgeregt. »*Das könnte ich heute auch so sagen!*«

»*Wie cool, dass so was in der Bibel steht!*«, fügte K. hinzu.

Schnell war klar, dass der Vers 16 aus dem ersten Kapitel des Buchs Ruth ihr biblischer Vers bei der Segnung sein sollte. Sie freuten sich beide und nahmen den Vers zur Grundlage, um ein eigenes Treueversprechen für den Gottesdienst zu formulieren.

Segensfeier
Anfang Dezember 2002 feierten wir den Segensgottesdienst der beiden lesbischen Frauen aus der Gemeinde. Die Kirche war rappelvoll. Es kamen viele Frauen und Männer in Lederklamotten. Denn die beiden Frauen gehörten zu einem Frauenmotorradklub in Frankfurt. Dazu kamen jüngere und ältere Frauen und Männer, Kinder und ganz Alte, die wir vorher noch nie in der Kirche gesehen hatten. Sie kamen mit Tattoos und schwarzen Klamotten. Andere trugen weite Batikröcke und bunte Tücher. Da waren Männer mit langen Haaren, Frauen mit raspelkurz geschnittenen Haaren, einige saßen im Rollstuhl. Sie waren Bekannte der todkranken lesbischen Frau, die mittlerweile auf einer palliativen Station im Hospiz behandelt wurde. In der Kirche waren Kranke und Gesunde, Krankenschwestern und Pfleger und sogar ein Arzt der Station erschienen. Ich war stolz darauf, dass die Türen unserer Kirche für so eine bunte Truppe geöffnet waren. So sollte es sein. Einige Kirchenvorsteherinnen und Kirchenvorsteher aus unserer Gemeinde waren auch dabei. Sie sagten später, dass sie noch nie eine so emotionale und anrührende Gottesdienstfeier erlebt hatten. Die beiden Frauen gaben sich ihr Trauversprechen gegenseitig, es gab zwei Trauzeuginnen, die den beiden mit Wünschen und Gedichten alles Gute wünschten, und ich segnete die beiden Frauen mit einem Regenbogenschal, den ich den beiden um die Schulter legte. Es gab nicht wenige in der Kirche, die dabei weinten. Anschließend wurde eine CD von Melissa Etheridge angestellt, und wir sangen und tanzten im Kirchenraum. Das Festessen im Saal nebenan und Tanzmusik danach krönten den Abend.

Abschied
Drei Monate später, es war Gründonnerstag 2003, wurde ich nach dem Abendgottesdienst und dem gemeinsamen Essen in der Gemeinde von einer der Krankenschwestern, die auch auf der Segnungsfeier dabei waren, auf dem Handy angerufen. Y. lag im Sterben. Ich entschuldigte mich bei den Gemeindegliedern und fuhr mit dem Fahrrad sofort zu ihrer Wohnung. Dort waren etwa zehn Menschen versammelt. Es waren die Partnerin K., beste Freundinnen, eine Krankenschwester, ein Nachbar und ein Bruder von Y. anwesend. Auch meine damalige Partnerin kam hinzu. Wir versammelten uns am Krankenbett, tranken Tee und sprachen leise miteinander. Als sie noch einmal die Augen aufmachte und ganz präsent war, hielt ich ihre Hände und segnete sie mit Salböl, das ich vom Gründonnerstagsgottesdienst mitgebracht hatte. Gemeinsam erinnerten wir uns an die wunderbare Segnungsfeier in der Kirche. Wir sprachen ihr gute Wünsche zu, weinten und lachten und beteten miteinander das Vaterunser. Y. hörte genau zu und spürte, dass sie nicht allein war. Alle ihre Lieben waren da und alles Wichtige war gesagt. Angst vor dem Sterben hatte sie nicht mehr. *»Es ist so, wie es ist«*, sagte sie gepresst.

Sie lächelte, als sie die Augen zumachte. Ihr Atem wurde immer leiser. Kurz vor Mitternacht in der Nacht zu Karfreitag verstarb sie. Wir bildeten einen Segenskreis, weinten, blieben bei der Toten sitzen und hielten die Totenwache. Am nächsten Morgen um 10 Uhr hatte ich den Karfreitagsgottesdienst zu halten. Ich wusste instinktiv, dass ich den Gottesdienst anders halten musste als geplant. Noch in der Nacht änderte ich einige Passagen der Predigt, fügte die Erfahrungen der Nacht am Sterbebett ein und schrieb eine Fürbitte für die Verstorbene und ihre Lieben. Am nächsten Morgen hatte ich Ringe unter den Augen, hatte fast überhaupt nicht geschlafen, aber ich wusste, was ich zu tun hatte. Während des Gottesdienstes saßen K., Angehörige und Freund:innen der Verstorbenen auf der Empore der Kirche und weinten. Sie gehörten dazu und dankten mir danach, dass ich die Erfahrungen der Nacht im Gottesdienst aufgenommen hatte.

»*Wenn Kirche immer so nah bei den Menschen ist, dann würden wir auch wieder in die Kirche eintreten*«, sagten einige von ihnen, die der Kirche schon lange den Rücken gekehrt hatten.

Beim anschließenden Osterfest war das Todesgedenken ein fester Bestandteil des Gottesdienstes. Wieder waren alle Trauernden anwesend, und wir feierten das Auferstehungsfest. Im Angesicht des Todes leben – trotz aller Trauer und Verluste, trotz aller Verzweiflung und Schmerzen. Die Toten waren nicht vergessen. Im Gegenteil, sie waren in Gedanken und Gebeten dabei, während wir die Auferstehung und das Leben feierten.

1.4 Fazit

In diesem näher beschriebenen Fall zeigt sich, dass die ganze Wucht des Lebens präsent ist, wenn Menschen mit ihren Lebensthemen kommen und Pfarrpersonen und kirchlichen Orten zutrauen, dass sie sicher und gastfreundlich sind. Konkret ging es um die Planung und Umsetzung eines Segensgottesdienstes. Tatsächlich kamen in dem Prozess ganz verschiedene Themen zur Sprache. Angefangen hatte es mit der theologischen Debatte im Kirchenvorstand. Nach der positiven Entscheidung des Kirchenvorstands ging es mit einer Vielfalt von lebensgeschichtlichen Themen bei den Vorgesprächen mit dem lesbischen Paar weiter: Kennenlernen, Beziehungsthemen, Coming-out im Familienkreis, Krankheit, Ängste, gemeinsame Wünsche und Vorstellungen für den Segensgottesdienst. All diese Themen konnten sie in gewisser Weise auf die bewegte Geschichte von Ruth und Naomi beziehen. Sie beschäftigten sich ausführlich mit der Geschichte aus ihrer Perspektive und tauschten sich mit mir darüber aus. Schließlich entschieden sie sich dafür, ihren biblischen Vers zur Segnung aus dem Buch Ruth zu nehmen.

Drei Monate später starb Y., eine der beiden Partnerinnen. Aufgrund der gemeinsam erlebten Zeit wurde ich von K. ans Totenbett gerufen. Ich salbte und segnete die Todkranke, blieb mit den anderen am Totenbett, bis Y. starb. Ich betete mit den Trauernden und blieb zur Totenwache. Am nächsten Morgen lud ich die Trauernden zum Karfreitagsgottesdienst ein. Alle kamen. Der Karfreitag bekam damit in der Gemeinde eine konkrete lebensgeschichtliche Prägung, die den Anwesenden nahe ging und niemanden kalt ließ. Die beiden lesbischen Frauen waren in den Monaten zuvor Teil der Gemeinde geworden. Die gastfreundliche Haltung der Menschen in der Gemeinde hatte es ermöglicht, dass die beiden ihren Segensgottesdienst in der Kirche feiern konnten. Es entstand ein Vertrauensverhältnis, sodass ich ans Totenbett gebeten wurde, um mit den Angehörigen und Freund:innen von Y. da zu sein und ihre Trauer zu begleiten. Auch die Trauerfeier von Y. übernahm ich. Die Partnerin K. begleitete ich nach der Beerdigung noch ein halbes Jahr regelmäßig in ihrer Trauer. Die Anfrage nach einem Segnungsgottesdienst für ein lesbisches Paar führte zu einem vielschichtigen und längerfristigen Prozess einer queersensiblen Seelsorge, der zu Beginn nicht absehbar war. Dieser Fall zeigt, dass queersensible Seelsorge bei Kasualhandlungen eine wichtige Rolle spielen kann.

2 Taufen in Regenbogenfamilien

2.1 Anfrage

Zwei Frauen, die ich in einem Gottesdienst getraut hatte, fragten mich einige Jahre später, ob ich ihren Sohn in einem Gottesdienst segnen könnte. »Eine Taufe?«, fragte ich zurück. Nein, es gehe um eine Segnung. Denn die beiden wollten nicht, dass ihr Sohn ungefragt in die christliche Gemeinschaft hineingetauft würde. Dazu seien sie selbst viel zu distanziert der Kirche gegenüber. Der Sohn sollte das später selbst entscheiden. Aber G:ttes Segen würden sie für ihn gern erbitten. Ihr Glaube sei ihnen schließlich wichtig und etwas ganz anderes als die Institution Kirche. Wir diskutierten eine Weile über das kirchliche Taufverständnis und warum es doch eine Taufe sein könnte. Aber sie blieben hart. Sie wünschten sich eine Segnung und keine Taufe. Sie bezeichneten sich selbst als kritische Gläubige, die aufgrund homofeindlicher Verletzungen der Kirche distanziert gegenüberstünden, aber ihren Glauben noch nicht verloren hätten. Außerdem zahlten sie Kirchensteuer. War es da so vermessen, um G:ttes Segen zu bitten? Ich verstand ihre Argumente und zeigte das auch. Es tat den beiden gut, dass sie mit ihren Erfahrungen und Wünschen ernst genommen wurden. Endlich konnten sie von ihren schlechten Erfahrungen erzählen. Das war wichtig für sie. Wir besprachen, wie ein Segensfest aussehen könnte, und schließlich willigte ich ein. In einem weiteren Treffen planten wir das Segensfest. Wir sprachen dabei auch über mehrere Bibelverse. Sie suchten sich schließlich einen passenden für ihren Sohn aus.

2.2 Queere Re-Lektüre von Jesaja 43,1b

»Fürchte dich nicht. Denn ich habe dich erlöst. Ich habe dich bei deinem Namen gerufen, du bist mein!«

Der Prophet Jesaja tröstete mit diesem Satz das Volk Israel. Die Israelit:innen waren zu der Zeit (etwa 550 vor Christus) bereits über dreißig Jahre im Exil in Babylon. Sie sehnten sich nach ihrer Heimat in Israel. Aber ihre Hoffnung schwand, dass sie je zurückkehren würden. Der Prophet Jesaja, der von Gelehrten auch zweiter Jesaja oder Deutero-Jesaja genannt wurde, da er eine Generation nach Jesaja lebte, gab den Leuten im Exil mit seinen Worten Zuversicht und Hoffnung. Es war nicht alles zu spät. Es war noch nicht alles vorbei, obwohl sie mittlerweile in dritter Generation als Verschleppte fern der Heimat in einem anderen Land mit anderer Kultur und anderen Göttern lebten.

Doch dann veränderten sich die politischen Verhältnisse. Der persische König Kyros II. nahm Babylon ein und vertrieb den babylonischen Herrscher und seine Soldaten. Und genau in dieser Situation ermutigte Deutero-Jesaja die Israelit:innen, dass sie nicht mehr verzweifeln müssten. Sie sollten zuversichtlich sein, dass sie weder länger dem Herrscher von Babylon noch dem persischen König untertan sein sollten. Sein Zuspruch wurde zum Protestwort einer ganzen Generation gegen Unterdrückung und Sklaverei. Deutero-Jesaja unterstrich seine Botschaft, indem er den G:tt Israels als den vorstellte, der Israel zur Zeit von Mose, Mirjam und Aaron schon einmal aus Unterdrückung und Sklaverei geführt hatte, nämlich aus Ägypten. G:tt war ein G:tt der Freiheit! Er war ein G:tt, der Menschen aus Unterdrückung und Hoffnungslosigkeit führte und sie durch Wüsten begleitete. Die Zusage des Propheten stärkte ihr Selbstbewusstsein und bekräftigte ihren Wunsch, nach Jerusalem zurückzukehren. Tatsächlich erlaubte ihnen König Kyros II. kurz danach, in die Heimat zurückkehren zu dürfen.

Bis heute ist dieser Vers des Deutero-Jesaja ein beliebter Vers für Taufen, da G:tt die Namen aller Menschen kennt. Darüber hinaus ist der Vers bis heute eine Botschaft an alle, die sich unterdrückt und allein in innerer oder äußerer Fremde fühlen. Insofern ist dieser Vers auch für jede queere Person ein Zuspruch, sich nicht zu fürchten. Denn G:tt ist und bleibt ein G:tt der Befreiung aus Unterdrückung und Ausgrenzung. Dieses Versprechen gilt allen, unabhängig von ihrer Herkunft, Religion, Geschlechtsidentität oder sexuellen Orientierung.

2.3 Resonanzen

Der Bibelvers gefiel den beiden Müttern. Wir sprachen über den starken Zuspruch, der in der prophetischen Aussage liegt und der bis heute wirkt. Und die beiden stimmten mir darin zu, dass er gerade auch für queere Menschen ermutigend sein konnte, die bereits Ausgrenzung oder Häme erlebt hatten. Insofern fanden sie, dass der Vers auch für ihren Sohn gut passen würde.

Der Gottesdienst
Wir feierten einen separaten Gottesdienst an einem Samstagnachmittag in der Kirche am Wohnort, in der wir auch schon die Trauung gefeiert hatten. Die beiden Frauen wollten nicht, dass die Segnung in einem normalen Sonntagsgottesdienst stattfand. Sie fürchteten, dass die Gemeindeglieder komisch geschaut hätten. Sie wollten weder neugierige Blicke wegen der Regenbogenfamilien, die kommen wollten, ertragen, noch wollten sie eine Diskussion um das Segensfest. Sie hatten ihren Anteil an Diskussionen über Lebensformen in Gemeindekreisen bereits ausreichend erlebt und hatten keinen Bedarf mehr. In Erinnerung daran fühlten sich beide immer noch unwohl und besserwisserisch belehrt. Also war das entschieden.

Am Tag des Gottesdienstes war die Kirche voller Regenbogen- und Patchworkfamilien. Kinderwagen, Spielzeug und Rollatoren standen am Eingang und in der Kirche. Queere Freund:innen und Angehörige waren da und vermischten zu einem bunten Gewusel. Kinder sprangen überall durch die Reihen. Zwei Pat:innen beteiligten sich an den Fürbitten, die musikalische Familie aus Tanten, Onkeln, Neffen und Nichten bildete ein eigenes kleines Orchester und begleitete den Gottesdienst mit Musik. Die Großeltern hatten vorher die Kirche mit Blumen geschmückt. Die beiden Mütter hatten eine Kerze für ihren Sohn gebastelt. Regenbogen und Sonnenlicht waren die Motive. Der liturgische Rahmen war einer Taufe ähnlich, nur dass der Sohn nicht mit Taufwasser besprenkelt und nicht getauft, sondern gesegnet wurde. Es war ein fröhlicher Gottesdienst mit viel Musik, einer Ansprache von mir, die die Beweggründe der beiden Mütter für die Segnung aufnahm und auch sonst sehr an der Lebensgeschichte der Familie orientiert war. Bei der Segnung des Sohnes kamen alle Kinder mit nach vorne. Sie bekamen kleine Kerzen von mir in die Hand und sie schauten neugierig zu, wie der Sohn gesegnet wurde. Zum Schluss bildeten wir einen großen Segenskreis in der Kirche. Ich segnete die Anwesenden, während sie im Segenskreis mit der rechten Hand jeweils den:die rechte Nachbar:in segneten. Das Fest danach war ausgelassen. Alle Anwesenden waren dankbar und glücklich, dass so ein Gottesdienst in einer Kirche stattfinden konnte.

2.4 Fazit

Der besondere Wunsch der beiden Mütter nach einem Segensfest für den Sohn war der Anlass, intensiv über Erfahrungen der beiden in kirchlichen Zusammenhängen ins Gespräch zu kommen. Es wurde deutlich, dass beide bereits einiges an homofeindlichen Äußerungen abbekommen hatten und sich nicht sicher waren, ob sie in dem Verein überhaupt noch Mitglied sein wollten. Ihre Trauung und ihr Glaube waren der Grund dafür, dass sie trotzdem mit ihrem Anliegen an mich herantraten. Klar war aber auch, dass sie mit ihrem Anliegen nicht zu irgendeiner Kirchengemeinde gehen würden, sondern dahin, wo sie sicher waren, ein queerfreundliches und respektvolles Umfeld anzutreffen.

Das offene Gespräch und mein Verständnis für ihr Anliegen ermöglichten es, dass ein Gottesdienst zu einem bunten und queerfreundlichen Ereignis wurde, bei dem sich alle wohlfühlten. Diese Erfahrung nahmen alle Anwesenden mit nach Hause. Sie betonten, dass sie sich genau nach solchen Gottesdiensten und Festen in Kirchen sehnten.

Die Gespräche im Vorfeld ließen Raum für die schmerzlichen Diskriminierungserfahrungen der beiden Frauen in kirchlichen Zusammenhängen und machten sie besprechbar. Der Austausch über den Bibelvers von Deutero-Jesaja bestärkte die beiden und half ihnen, den Zuspruch G:ttes für ihren Sohn und die ganze Regenbogenfamilie zu spüren. Insofern hatten die Planungsgespräche seelsorgliche Anteile, die sich auch auf die Gestaltung des Gottesdienstes auswirkten und allen Beteiligten das Gefühl gaben, willkommen zu sein, genauso, wie sie waren.

3 Coming-out in der Konfirmand:innengruppe

Als Gemeindepfarrerin habe ich im Konfirmandenunterricht stets eine Einheit über Liebe und Nächstenliebe in biblischen Texten und im Alltag der Jugendlichen angeboten. Nach meinem Erleben waren die Jugendlichen in diesen Stunden besonders wach und neugierig. Sie wollten natürlich wissen, wie das mit der Liebe und dem Verliebtsein geht und was die anderen aus der Peergruppe dazu denken und schon erlebt haben. Deshalb gab es in dieser Einheit häufig die Gelegenheit für Kleingruppenarbeit, um sich im geschützten Raum leichter und persönlicher austauschen zu können. Die Jugendlichen waren aber auch wissbegierig. Sie wollten wissen, was über diese Themen in der Bibel steht und was das heute heißen könnte. Da die meisten Jugendlichen aus informellen Quellen in der Gemeinde wussten, dass ich mit einer Frau zusammenlebte, wurde auch das Thema »Homosexualität und gleichgeschlechtliche Liebe« immer wieder angesprochen. Sie wollten von meinen Erfahrungen hören und waren neugierig, wie es mir als lesbische Pfarrerin in der Gemeinde ging. Ich erlebte diese Gespräche als intensiv und von echtem Interesse geprägt. Nicht ein Mal benahmen sich die Jugendlichen abfällig oder negativ im Hinblick auf das Thema. Im Gegenteil, sie hatten viele Fragen. Denn wann kann man schon einmal eine lesbische Pfarrerin dazu befragen? Auf der anderen Seite kamen in meiner Gemeindezeit immer wieder Jugendliche nach Konfirmandenstunden auf mich zu, um mit mir persönlich über diese Themen weiterzureden. Einige von ihnen outeten sich mir gegenüber als schwul oder lesbisch, andere waren sich unsicher und hatten einfach Fragen, die sie sich sonst nicht zu stellen trauten.

Die Zeit des Konfirmandenunterrichts umfasst eine Entwicklungsphase der Jugendlichen, die entscheidend ist für ihre Persönlichkeitsentwicklung und für ihr Erwachsenwerden. Insofern sind eine queerfreundliche Atmosphäre im Unterricht und ein positiver Umgang mit verschiedenen sexuellen Orientierungen und Geschlechtsidentitäten für die jungen Menschen ermutigend. Es kann sie bestärken, ihren eigenen Weg zu suchen, ohne Angst davor haben zu müssen, falsch oder minderwertig oder schlecht zu sein. Im folgenden Fallbeispiel erzähle ich von O. und seinem Coming-out in der Konfirmandengruppe.

3.1 Anfrage

Während meiner Zeit als Gemeindepfarrerin sprachen wir in den Konfirmandengruppen über das Thema »Liebe und Nächstenliebe«. Mithilfe von Postkarten konnten die Konfirmand:innen sich Symbole aussuchen, die für sie Liebe darstellten. Ein Herz, ein Licht, eine Umarmung, ein Geschenk, ein Liebesbrief, Rosen, ein Graffiti mit der Aufschrift »I love you!«, zwei ineinander verschlungene Ringe und ähnliche Motive. Auch eine Karte mit zwei Jungen, die sich umarmen, war unter den Karten. Ein Junge O. suchte sie sich aus. Als er an der Reihe war, seine Karten in die Mitte zu legen und dazu ein paar Sätze zu sagen, wurde er rot. Die anderen fingen an zu tuscheln, waren aber auch neugierig. O. sagte schließlich, dass sich ja auch zwei Jungen oder zwei Mädchen ineinander verlieben könnten. Zwei Mädels fingen an zu kichern, mehrere Junge grölten. Ich sprang O. zur Seite und bestätigte seine Aussage. Natürlich könnten sich auch zwei Jungen oder Mädchen ineinander verlieben. Das passiere zwar nicht so oft, sei aber ganz normal. O. machte deutlich, dass er mehr darüber hören wollte. Und auch die Gruppe wollte mehr dazu wissen. Wir verabredeten uns, einen biblischen Text dazu zu lesen und zu besprechen. Ich schlug ihnen die biblische Geschichte von David und Jonathan vor. Wir lasen die Geschichte in der nächsten Stunde gemeinsam und diskutierten darüber.

3.2 Queere Re-Lektüre der Geschichte von David und Jonathan[23]

Die Geschichte trug sich etwa 1000 vor Christus im heutigen Israel zu. Die Soldaten von König Saul, dem ersten König von Israel, kämpften gegen die Philister. Es war ein Volk, das an der Mittelmeerküste lebte. Sie siedelten ungefähr dort, wo sich heute der Gazastreifen befindet. Die Kriegsparteien lieferten sich eine Schlacht nach der anderen. Keine Seite konnte den Krieg endgültig für

---

23 Erste Veröffentlichung in: Söderblom (2020a, S. 28–34).

sich entscheiden. Das ist der Hintergrund der Geschichte zwischen David und Jonathan (1. Samuel 28–2. Samuel 1).

David und Goliath
Nach biblischem Zeugnis kam es zu einer bedeutsamen Schlacht zwischen Israel und den Philistern. Goliath war ein riesiger Mann und der stärkste Krieger der Philister. Er forderte die Soldaten von Saul, dem König Israels, heraus. Einer sollte gegen ihn kämpfen. Der Gewinner des Kampfs sollte auch die ganze Schlacht gewinnen. Kein Soldat des Königs traute sich, gegen Goliath anzutreten. Da meldete sich David freiwillig. David war ein junger Schafhirt und kam aus Bethlehem. Er hatte ältere Brüder, die am Krieg gegen die Philister beteiligt waren. Er sollte eigentlich seinen Brüdern nur Verpflegung bringen. Aber als er die Kampfansage des Goliath hörte, meldete er sich. Er trug weder Rüstung, noch besaß er Waffen. Alle waren entsetzt und wollten David davon abhalten, gegen Goliath zu kämpfen. Doch der blieb unbeirrt. So kam es zum Kampf. David hatte eine Steinschleuder dabei. Mit einem gezielten Schuss traf er Goliath am Kopf. Der ging zu Boden. David lieh sich ein Schwert von einem Soldaten und hieb ihm den Kopf ab. Die Schlacht war damit zu Ende. Sauls Soldaten hatten gesiegt. Alle waren begeistert von Davids Mut und seinem Kampfgeist. König Saul wollte wissen, wer dieser David war. Man brachte ihn zu ihm. Und Saul behielt David am Königshof.

Jonathans Bund mit David
So kam der junge Hirtenjunge an den Königshof nach Jerusalem. Dort lernte er Jonathan kennen. Er war einer der Söhne von König Saul. Jonathan war begeistert vom charismatischen David. In der Bibel steht, dass er David liebte wie sein eigenes Leben. Und zum Zeichen seiner Liebe und Treue schenkte er David seine Rüstung, sein Schwert, seinen Bogen und seinen Gürtel:
   »Nach dem Gespräch Davids mit Saul schloss Jonathan David in sein Herz, und Jonathan liebte David wie sein eigenes Leben. Er schloss mit David einen Bund, denn er hatte ihn lieb wie sein eigenes Herz. Er zog den Mantel, den er anhatte, aus und gab ihn David, ebenso seine Rüstung, sein Schwert, seinen Bogen und seinen Gürtel« (1. Samuel 18, 1-4).

Diese biblische Passage ist bemerkenswert. Jonathan lieferte sich David vollkommen aus. Er ging damit ein hohes Risiko ein. Er machte sich verwundbar, zeigte sich ohne Visier und Schutz. Das war für Männer damals eine ganz untypische Verhaltensweise. Welche Garantie hatte Jonathan, dass David das nicht ausnutzen würde? Keine. Seine Liebe kannte keine Grenzen. Er vertraute David. Und er schloss sogar einen Bund mit ihm. Und David ließ sich auf den

Bund ein. Allerdings lässt sich aus der biblischen Passage nicht erkennen, was David zu dem Bundschluss dachte.

Es war ein schicksalhafter Moment. Der Königssohn schwor dem Hirtensohn die Treue. Was für eine Umkehrung der Hierarchie! War Jonathan nicht klar, dass er damit seine Chance auf die Thronnachfolge massiv verringerte? War ihm egal, dass er als Königssohn eigentlich seinen Einfluss und seine Macht stärken sollte, statt seine Loyalität einem Mann aus einer einfachen Hirtenfamilie zu versprechen? Konnte das gut gehen?

Tatsächlich standen Fragen von Stand, Macht und Einfluss zwischen ihnen. Aber das kümmerte Jonathan nicht. Er bildete David zum Krieger aus und brachte ihm alles über die Kriegsführung bei. Und David wurde ein erfolgreicher Krieger. Er gewann eine Schlacht nach der anderen gegen die Philister und wurde weit über den Hof des Königs hinaus bekannt.

Sauls Eifersucht

König Saul beobachtete diese Entwicklung misstrauisch. Ihm gefiel nicht, dass David und Jonathan beste Freude wurden. Außerdem war er eifersüchtig und neidisch auf David. David schien alles zu gelingen, was er anpackte. Er hatte mit seiner Klugheit den starken Goliath erschlagen. Und auch in weiteren Schlachten ging David stets als Sieger hervor. Saul wurde dagegen immer schwermütiger und unbeweglicher. Er sah seine Macht als König in Gefahr. David hatte viel für ihn getan. Doch er war zu mächtig und beliebt geworden. Saul erlebte ihn nur noch als gefährlichen Konkurrenten um Macht und Ehre. Er musste Davids Einfluss stoppen. Also beschloss er, David zu töten. David hatte das geahnt und war nach einer Schlacht nicht wieder an den Hof von König Saul zurückgekehrt.

Sauls Entwicklung war tragisch. Er erkannte, dass mit David das geschah, was er als junger Mann selbst erlebt hatte. Er war auserwählt, gesalbt und zum König gemacht worden. Er war beliebt, mächtig und stark gewesen. Und nun kam dieser Hirtensohn aus Bethlehem daher und stahl ihm die Show. Er war rasend vor Zorn.

Jonathan zwischen Saul und David

Für seinen Sohn Jonathan musste es eine schreckliche Situation gewesen sein. Er erlebte die Wut und Verzweiflung seines Vaters. Und gleichzeitig war er David verfallen. Er wurde zwischen den beiden aufgerieben. Und seine eigene Zukunft als potenzieller Nachfolger von Saul schien er darüber ganz zu vergessen. Oder sie war ihm nicht so wichtig. Stattdessen setzte sich Jonathan bei seinem Vater für David ein. Er vermittelte und sprach sich für David aus. Zunächst gelang ihm das, und David kehrte an den Königshof zurück.

Sauls Fluch über Jonathan
Aber der scheinbare Friede hielt nicht lange an. Saul verfiel wieder in Schwermut. David spielte für ihn auf einer Laute, um ihn aufzuheitern. Das hatte er auch zu Beginn seiner Zeit am Hof oft für den König getan. Doch statt dankbar zu sein, warf Saul einen Speer nach ihm. Daraufhin floh David endgültig vom Königshof. Er machte ein geheimes Treffen mit Jonathan aus. Nun übernahm David das Kommando. Er bat Jonathan, seinem Vater eine Ausrede vorzulegen, warum David zu einem Festmahl am Hof nicht erscheinen würde. Doch Saul erkannte die Ausrede und wurde noch zorniger. Voller Wut schrie er seinen Sohn Jonathan an:

»Du Sohn einer ehrlosen Mutter. Ich weiß sehr wohl, dass du dir den Sohn Isais erkoren hast, dir und deiner Mutter, die dich geboren hat, zur Schande! Doch solange der Sohn Isais auf Erden lebt, wirst weder du noch dein Königtum Bestand haben« (1. Samuel 20,30 f.).

Jonathans Loyalität
Saul verfluchte seinen Sohn und nannte dessen Freundschaft zu David eine Schande. Es ist ein deutlicher Hinweis darauf, dass Saul wusste, dass es zwischen Jonathan und David nicht nur um Freundschaft ging. Höhnisch wertete er die Freundschaft ab. Saul spürte die Liebe zwischen David und Jonathan und hielt sie für gefährlich. Denn sie sprengte alle bekannten Normen und Regeln, die auf Machterhalt und Ordnung in der Königsfamilie ausgerichtet waren. Saul wurde darüber so zornig, dass er sogar einen Speer nach seinem eigenen Sohn warf. Da war Jonathan klar, dass die Kluft zwischen Saul und David nicht mehr zu kitten war. Der Abgrund war unüberbrückbar. Aus der Konkurrenz zwischen beiden war ein Kampf auf Leben und Tod geworden. Jonathan konnte da nicht mehr vermitteln. Er musste sich nun entscheiden. Er blieb äußerlich bei seinem Vater. Aber im Herzen blieb er auf Davids Seite.

Jonathan und David trafen sich heimlich und erneuerten ihren Bund. Jonathan bat David, seine Nachkommen und die von Saul zu verschonen. Vielleicht ahnte Jonathan bereits, dass er selbst keine Zukunft mehr am Hof hatte. Dann nahmen sie Abschied.

Abschied
»David fiel auf sein Antlitz zur Erde und beugte sich dreimal nieder, und sie küssten einander und weinten miteinander, David aber am allermeisten. Und Jonathan sprach zu David. Geh hin mit Frieden! Für das, was wir beide geschworen haben im Namen G:ttes, dafür stehe G:tt zwischen mir und dir, zwischen meinen Nachkommen und deinen Nachkommen in Ewigkeit. Und David machte sich auf und ging seines Weges. Jonathan aber ging in die Stadt« (1. Samuel 20,41 ff.).

Es war das letzte Mal, dass die beiden sich sehen sollten. Es ist eine berührende Abschiedsszene. Und sie wird erstaunlich offenherzig erzählt. Beide küssten sich und weinten. Und David am meisten. Hier wird zum ersten Mal auch von David berichtet, dass er Jonathan geliebt hat. Die beiden Männer mussten Abschied nehmen. Ihre Liebe durfte nicht sein und hatte keine Zukunft. Zwei Männer, die weinten. Nach dem damaligen Männerbild konnte das nicht gut gehen. Sie waren Männer und Soldaten. Sie sollten mutig und stark sein. Weinen war da nicht vorgesehen. Schon gar nicht ein Weinen umeinander. Das galt damals und gilt vielerorts auch heute noch. Dass sich die beiden auch noch küssten und liebten, machte die Sache nicht einfacher.

Zwar ist durch außerbiblische Quellen nachgewiesen, dass Männer auch zur damaligen Zeit homoerotische Liebschaften hatten. Das war durchaus gängig. Gleichzeitig mussten sie aber verheiratet sein und Kinder haben. Männer sollten echte Kerle sein. Homoerotischer Sex widersprach dem nicht. Solange sie sich nicht »unmännlich« gaben und sie das gängige Männerbild nicht durchbrachen. Erst wenn sie zu feminin wirkten, zu sensibel oder scheinbar zu weiblich waren, galten sie als feminisierte oder verweichlichte Männer. Dann hatten sie Sanktionen zu fürchten und wurden aus der Gemeinschaft ausgeschlossen. Denn sie gefährdeten die bestehende Geschlechterordnung.

Bemerkenswerte Freundschaft
Die Geschichte von David und Jonathan muss schon zu biblischen Zeiten bemerkenswert gewesen sein. Sonst hätte sie es nicht in dieser offenen Sprache und Klarheit in die Bibel geschafft. Bemerkenswert ist auch, dass ihre Freundschaft in der Geschichte nicht verurteilt oder moralisiert wurde. Ihre Liebe war einfach da und prägte die Handlungsweisen der jungen Männer. Und gleichzeitig waren sie ganz verschieden. Gerade von David ist biblisch bezeugt, dass er mehrere Ehefrauen hatte. Er war ganz offensichtlich ein Frauenheld. Aber von einer so tiefen Liebe wie der zu Jonathan lesen wir an keiner anderen Stelle in der Bibel.

Klagelied gelesen aus einer queeren Perspektive
Nach dem Abschied zwischen Jonathan und David kam es zu einer weiteren Schlacht gegen die Philister. Saul und Jonathan überlebten die Schlacht beide nicht. Als David davon erfuhr, stimmte er ein Klagelied an:

»Israel, dein Stolz liegt erschlagen auf deinen Höhen. Ach, die Helden sind gefallen! Saul und Jonathan, die Geliebten und Teuren, im Leben und im Tod sind sie nicht getrennt. Sie waren schneller als Adler, waren stärker als Löwen. Ihr Töchter Israels,

um Saul müsst ihr weinen, er hat euch in köstlichem Purpur gekleidet, hat goldenen Schmuck auf eure Gewänder geheftet. Ach, die Helden sind gefallen mitten im Kampf. Jonathan liegt erschlagen auf den Höhen. Weh ist es mir um dich, mein Bruder Jonathan, ich habe große Freude und Wonne an dir gehabt. Du warst mir sehr lieb. Wunderbarer war deine Liebe für mich als die Liebe der Frauen. Ach, die Helden sind gefallen, die Waffen des Kampfes verloren« (2. Samuel, 1 ff.).

Dieses Klagelied macht deutlich, wie stark David Jonathan innerlich zugetan war. Die homoerotische Liebe ist deutlich herauszuhören. Dennoch durfte sie nicht benannt werden. Sie wurde in Ehrerbietung und in ein Lob von Tapferkeit und Heldenmut gekleidet und entsprechend codiert. Eine andere Sprache zwischen Männern war nicht möglich. Trotzdem wurde David zum Schluss seiner Klage erstaunlich eindeutig:

»*Wunderbarer war deine Liebe für mich als die Liebe der Frauen*« (2. Samuel 1,26).

Deutlicher, sollte man meinen, kann eine Liebeserklärung nicht sein. Schon gar nicht in einem biblischen Buch, das Jahrhunderte vor Christi Geburt aufgeschrieben worden war. Und dennoch wurde diese Liebe wegdiskutiert, relativiert und ins Abseits gedrängt. Sie wurde als Freundschaft, bestenfalls als Bruderliebe gekennzeichnet. Denn was nicht sein konnte, durfte nicht sein. Die heteronormativen Standards ließen nichts anderes zu. Die Geschichte sollte am besten als Randnotiz im Leben des mutigen und erfolgreichen Hirten Davids, der zum König von Israel aufstieg, betrachtet und vergessen werden. Dass ausgerechnet der berühmteste König des alten Israels einen Mann liebte, konnte nicht sein. Daher sollte es nicht weiter erzählt werden.

Zum Schluss bleibt die Frage: Was war das denn nun für eine Beziehung zwischen den beiden Männern? Meine Antwort: Es war eine Beziehung, die mich persönlich sehr berührt hat. Es war eine Beziehung, in der die Freunde sich verwundbar gemacht und Risiken auf sich genommen haben. Die Beziehung störte die Logik von Machterhalt, Männerkonkurrenz, Ruhm und Ehre und setzte dem etwas anderes entgegen: Liebe, Verwundbarkeit und Nähe. Attribute, die für Männer nicht unbedingt vorgesehen waren.

Männerfreundschaft
War diese Freundschaft homoerotisch? Hat auch Sexualität eine Rolle gespielt oder nicht? Waren die beiden Männer bisexuell? Wir können aus der biblischen Geschichte heraus darauf keine Antworten geben. Das ist auch nicht entscheidend. Denn die Geschichte ist jenseits aller heteronormativen Handlungsmuster vor allem eine Geschichte von einer ergreifenden Männerfreundschaft. Sie kommt ohne Etiketten und Kategorisierung aus.

Und dennoch zeigt sich eines deutlich: Da haben sich zwei Männer geliebt. Sie haben sich die Treue geschworen und sich trotz aller Machtintrigen nicht verraten. Sie haben sich vertraut, sich geküsst und miteinander geweint.

Wenn Beziehungen so gelebt werden, dann verdienen sie Respekt. Egal, wie sie genannt werden. Denn Liebe ist vielfältig, überwältigend, und sie kann Grenzen sprengen. Menschliche Gefühle sind so viel reicher und vielschichtiger als Verbote und Normen. Solange sie im gegenseitigen Einverständnis und unter Achtung der Menschenwürde des Gegenübers gelebt werden.

David und Jonathan haben etwas von diesem Reichtum menschlicher Gefühle gezeigt. Gut, dass Menschen heutzutage solche Gefühle leben können. Auch wenn es auch heute noch vielerorts nicht einfach oder sogar lebensgefährlich ist, sie zu zeigen.

3.3 Resonanzen

Die Jugendlichen fanden die Geschichte spannend. Sie schimpften auf Saul, fanden David und Jonathan ziemlich cool und waren traurig, dass Jonathan die Geschichte nicht überlebte. Sie diskutierten eine ganze Weile darüber, ob in dieser Geschichte über mehr als über eine Freundschaft berichtet wird. Die Gruppe war darüber geteilter Ansicht.

O. sagte: *»Klar haben die sich geliebt. Das steht doch so im Text. Zumindest Jonathan war in David verknallt. Und zum Schluss zeigte David, dass er den Jonathan auch geliebt hat!«*

O. bekam Rückendeckung von einigen. Andere fanden das nicht so eindeutig. Schließlich einigten sie sich darauf, dass David und Jonathan dick miteinander befreundet waren und alles füreinander getan hätten. In Kleingruppen tauschten sie sich daraufhin über Jungen- und Mädchenfreundschaften in ihrem Leben aus und sammelten Begriffe, die für solche Freundschaften passten. Hilfe, Verständnis, Vertrauen, Abenteuer, Spaß, gemeinsame Zeit und andere Begriffe standen auf den Karten. Die meisten fanden anschließend, dass solche Freundschaften für sie ziemlich wichtig im Leben seien.

O. kam nach der Stunde auf mich zu und wollte noch mit mir reden, nachdem die anderen gegangen waren.

»Wenn Sie als Pfarrerin lesbisch sind und das in der Gemeinde akzeptiert ist, dann darf ich mich doch auch in einen anderen Jungen verlieben, ohne dass das was Schlimmes ist«, sagte O. nach dem Konfiunterricht zu mir.

»Das stimmt auf jeden Fall«, erwiderte ich. *»Wie kann ich dich unterstützen?«*

Er erzählte mir, dass er sich in einen Jungen in seinem Sportverein verliebt habe und ganz durcheinander sei. Der andere Junge sei auch in ihn verliebt. Aber sie wüssten nicht, was sie machen sollten. Das sei doch nicht richtig. Beide hatten Angst vor Problemen im Sportverein und in ihren Schulklassen.

Ich sprach anschließend einige Male mit den beiden und ermutigte sie, sich für ihre Gefühle nicht zu schämen. Ich erinnerte sie an David und Jonathan. Ihre Freundschaft stand in der Bibel und war okay. Und heutzutage wüssten wir viel mehr darüber, dass es einfach einen gewissen Prozentsatz von Menschen gebe, die sich in Personen des gleichen Geschlechts verlieben würden. Das sei völlig in Ordnung. Ich gab aber auch zu, dass einige Menschen das leider nicht gut fänden. Was ich ihnen mit auf den Weg gab: *»Ihr seid einzigartig und besonders und von G:tt wunderbar geschaffen worden, genau so, wie ihr seid!«*

Ich erzählte ihnen auch, dass ich mich in eine Frau verliebt hätte und mit ihr zusammenlebe. Das wussten die beiden schon. Es war in der Gemeinde bekannt. Das hatte die beiden auch ermutigt, zu mir zu kommen. Sie hatten keine Angst davor, dass ich sie verurteilen würde. Im Gegenteil, sie erhofften sich Verständnis und Unterstützung.

Ich sah die beiden in dem Jahr häufiger und sprach mit ihnen über ihre Erfahrungen und Fragen. O. fragte mich eines Tages, ob ich mit seinen Eltern reden könnte. Er erklärte mir, dass er gern mit ihnen sprechen wollte, aber Angst vor ihrer Reaktion habe.

Coming-out vor den Eltern
Schließlich verabredeten wir einen Termin mit den Eltern. Ich besuchte sie an einem frühen Abend. Wir tranken Tee und saßen etwas steif im Wohnzimmer. Zu Beginn unterhielten wir uns über meinen Beruf als Pfarrerin und wie es mir in der Gemeinde ging. Schließlich kamen wir zum Thema. Es wurde ein ruhiges und offenes Gespräch. Ich bat die Eltern, ihrem Sohn erst einmal zuzuhören und nicht sofort alles zu bewerten, was er zu sagen hatte. Sie hielten sich daran. O. erzählte von seinen Verliebtheitsgefühlen und seinem Wunsch, deswegen keine Angst und kein schlechtes Gewissen haben zu wollen. Danach stellten die Eltern ihm und mir eine ganze Menge Fragen. Schließlich einigten wir uns darauf, dass sie ihrem Sohn vertrauten und ihm erlaubten, seine eigenen Erfahrungen zu machen, ohne ihn zu verurteilen. Er war doch so oder so ihr Sohn und ein geliebtes Kind G:ttes. Außerdem sollte er sich regelmäßig mit mir treffen und über seine Erfahrungen angstfrei mit mir reden können. Genauso machten wir es auch.

Jahre später traf ich O. auf einer Queer-Pride-Parade in Frankfurt wieder. Mittlerweile war er über 1,90 Meter groß. Er lachte mich an und stellte mich seinen Freunden vor.

»Das ist die Pfarrerin, die mich bei meinem Coming-out unterstützt hat. Ohne sie wäre ich heute nicht der, der ich geworden bin!« Daraufhin umarmte er mich und drückte mich liebevoll.

3.4 Fazit

Einige Jugendliche in der Konfirmandengruppe wussten, dass ich mit einer Frau zusammenlebte. Das ermutigte sie, mit mir im Rahmen des Themas »Liebe und Nächstenliebe« auch über gleichgeschlechtliche Liebe zu sprechen. Sie ließen sich gern auf das Thema ein, auch wenn einige nervös oder unsicher waren. Vermutlich waren sie aber vor allem neugierig. Sie ließen sich aber auch darauf ein, weil sie annahmen, von einer Insiderin mehr über das Thema lernen zu können. Durch die queere Re-Lektüre der Geschichte von David und Jonathan und die Gespräche darüber verstanden die Konfirmand:innen, dass es enge gleichgeschlechtliche Freundschaften schon in biblischen Zeiten gab und das völlig in Ordnung war. Das war für viele neu. Für O. war es eine Befreiung. Die Gespräche ermutigten ihn, mich nach einer Konfirmandenstunde anzusprechen und mir zu erzählen, dass er sich in einen Jungen verliebt hatte. Das Vertrauen, das die beiden zu mir hatten, war hilfreich. Die beiden kamen eine Weile regelmäßig zu mir und wir sprachen über alles, was die beiden bewegte. Sie wurden dadurch selbstbewusster und mutiger, lernten sich selbst und ihre Bedürfnisse besser kennen und sie fühlten sich nicht mehr als Außenseiter. Eines Tages bat mich O., mit ihm zu seinen Eltern zu gehen, um ihn bei seinem Coming-out zu unterstützen. Er war selbstsicherer geworden, brauchte aber noch Begleitung. Gern ging ich mit zu seinen Eltern. Dort wurde klar, dass es auch für die Eltern hilfreich war zu sehen, dass eine Pfarrerin lesbisch sein konnte, ohne dass die Welt zu Ende ging. Sie konnten sich darauf einlassen, ihren Sohn ernst zu nehmen und in seiner Persönlichkeitsentwicklung zu begleiten, ohne ihn einzuengen. Meine Profession als Pfarrerin wurde zum Eisbrecher zwischen O. und seinen Eltern. Sie erlebten an meiner Person, dass queer sein und ein gutes Leben führen gelingen kann. Das war wichtig für die Eltern, die sich um die Zukunft ihres Sohnes Sorgen machten. Sie verstanden aber auch, dass es dafür familiäre und gesellschaftliche Unterstützung brauchte. Und die Eltern brauchten Zeit, um mit allen Veränderungen fertig zu werden. Aber sie unterstützen von da an ihren Sohn bei seinem Coming-out und aus ihm wurde ein selbstbewusster junger Mann. Die queersensible seelsorgliche Begleitung hatte ihn gestärkt und ermutigt, seinen eigenen Weg zu gehen.

4 Namensfest im Kontext von Transitionen

Während meiner Zeit als Pfarrerin und Studienleiterin des Evangelischen Studienwerks in Villigst begleitete ich mehrere transidente Studierende bei Transitionen (vgl. dazu Dgti e. V. 2017; EKHN 2018; Lüdtke 2017; Schreiber 2016; Wolfrum 2019). Das sind mehrjährige komplexe Prozesse auf dem Weg vom biologischen Geschlecht zu einer Geschlechtsangleichung an das lebensgeschichtlich empfundene Geschlecht. Alle Studierenden befanden sich zu der Zeit meiner Begleitung in therapeutischer Beratung, die sie aufgrund des damals gültigen Transsexuellengesetzes (TSG)[24] absolvieren mussten. Sie wollten darüber hinaus aber auch Fragen besprechen, die mit ihrem Glauben und der Transition verbunden waren. Sie sprachen mich als Pfarrerin und Seelsorgerin des Evangelischen Studienwerks an und wir vereinbarten individuelle Termine. Im Folgenden beschreibe ich einen Fall etwas genauer.

4.1 Anfrage

Es handelt sich um X. Sie studierte ein geisteswissenschaftliches Fach in Süddeutschland. Wir trafen uns in einem Zeitraum von etwa zwei Jahren regelmäßig alle zwei Monate.

Sie war zu Beginn der Seelsorgegespräche bereits dabei, einen geschlechtsangleichenden Prozess (Transition) von Frau zum Mann einzuleiten. Erste Gespräche mit engen Freund:innen hatten darüber schon vor unserem ersten Treffen stattgefunden. Die meisten Familienangehörigen und Freund:innen wussten allerdings noch nichts. X. fühlte sich zu Beginn der Seelsorgezeit plump und hart wie Stein. Sie hatte Angst vor der Reaktion von Familienangehörigen und Freund:innen und fragte sich, was die Transition mit ihrem Glauben mache.

X. beschrieb mir in unserem ersten Treffen, dass in dem Stein eine Perle sei, die unter der Oberfläche lag. Sie war für X. zurzeit unserer ersten Begegnung aber weder sichtbar noch spürbar. Die Perle sollte einerseits geschützt werden, andererseits wollte sie an die Oberfläche kommen und gesehen werden.

Im Laufe der Seelsorge schritt der Transitionsprozess von X. weiter voran. Zeitgleich fand die gemäß dem TSG vorgeschriebene Gesprächstherapie statt.

Sie begann, die medizinisch verschriebenen Hormonpräparate für die Transition zu nehmen, und wollte von da an mit C. und »er« angeredet werden.

Bei mir in der Seelsorge war C., um mit mir über Probleme und Krisenzeiten während der Transition und deren Auswirkungen auf das Studium zu reden. Es ging um Wegbegleitung während der Transition auf persönlicher und fachlicher Ebene. Er wollte Beweggründe und Motivation für seine Transition reflektieren und Gefühle wie Hoffnungen und Ängste bei seinem Veränderungswunsch spüren und aussprechen lernen. Darüber hinaus ging es C. darum, seine körperlichen und seelischen Veränderungen mit seinem Glauben in Verbindung zu bringen.

---

24 Vgl. Bundesministerium der Justiz (1980). Seit Juni 2022 liegen Eckpunkte zu einem Selbstbestimmungsgesetz vor (vgl. Bundesministerium für Familie, Senioren, Frauen und Jugend und Bundesministerium der Justiz 2022). Das Selbstbestimmungsgesetz soll das Transsexuellengesetz von 1980 ersetzen.

»Es ist nun einmal so, dass in der Gemeinde, in der ich als Jugendliche Teamerin war, so jemand wie ich nicht vorgesehen war. Es hieß, dass alle, die homo oder irgendwie anders sind, nicht in G:ttes Schöpfung passen und schon in der Bibel verdammt worden sind. Das macht mir zu schaffen. Für mich ist klar, dass ich C. bin. Meine Geschlechtsangleichung ist auf dem Weg. Aber ich weiß nicht, wie und wo mein Glauben da reinpasst.«

Zeit nehmen
Wir nahmen uns viel Zeit zu erkunden, was bisher X. Glauben ausgemacht hatte und welche Erfahrungen sie als junge Teamerin in der Gemeinde gesammelt hatte. Gemeinschaft, Ausflüge und Gottesdienste waren die wichtigsten Erfahrungen für sie in der Gemeinde. Aber wenn er nun als C. wieder in die Gemeinde käme, würde alles kaputt gehen. Die Leute dort würden das nicht verstehen und ihn ablehnen. Da war sich C. ziemlich sicher. Auf die Frage hin, ob er schon einmal mit jemand aus der Gemeinde gesprochen hätte, verneinte C. Das wäre ihm viel zu kompliziert. Er müsse erst mal selbst mit G:tt und seinen Veränderungen klarkommen. Also nahmen wir uns Zeit, über die Veränderungen zu sprechen, die er an sich seit der Transition wahrnahm. In dem Zusammenhang fand C. Symbole für sich: Der harte und unförmige Stein war es noch immer. Die Oberfläche müsse hart sein. Das bedeute für ihn Schutz vor Verletzung. Aber die harte Oberfläche nehme ihm auch die Fähigkeit zu spüren, was da sonst noch ist. Für unser nächstes Treffen brachte er einen handgroßen Stein mit, teils kantig, teils abgerundet, in verschiedenen Grautönen changierend.

»So fühle ich mich: grau, kantig, abweisend!«, sagte C.

Ich bat ihn, neben den Stein andere Dinge zu legen, die die Härte des Steins verändern könnten, ohne den Schutz wegzunehmen. Beim nächsten Mal brachte er eine Feder und eine Rosenblüte an einem dornigen Zweig mit. Er legte alles neben den Stein und versuchte zu erzählen, was er sah und fühlte.

Werte und Ressourcen
Gleichzeitig arbeiteten wir an Werten, die für ihn wichtig sind. Gemeinschaft, Freundschaft und seinen Glauben nannte C. Seine alte Peergroup sei aber nicht mehr da und zurzeit wolle er keine neuen Leute kennenlernen, die er dann nur verunsichern würde. Und sein Glaube sei irgendwie auch ins Wanken gekommen. Ich fragte ihn nach seinen Fähigkeiten und Begabungen, die er bisher genutzt hatte, wenn er in Konflikten oder Krisen steckte. Sport und Lesen antwortete er. Wir verabredeten, dass er bewusster darauf achten wollte, regelmäßig zu laufen und ins Fitnessstudio zu gehen. Dann stellte er eine Leseliste für sich zusammen. Einige Biografien von trans* Leuten, Krimis zum Ablenken und ein soziologisches Buch zu queerer Theorie.

Er kommentierte dazu, dass er auch in seinem geisteswissenschaftlichen Studium etwas ändern wollte. Ihm fehlten in den Seminaren kritische Analysen zu Heteronormativität und Zweigeschlechtlichkeit. Nach dem Bachelor wollte er vielleicht einen Master in Gender Studies machen. Er wollte nicht nur im Hinblick auf sich selbst, sondern auch in den gesellschaftlichen Debatten sprachfähiger werden.

In einem der nächsten Treffen sprachen wir über die biblische Geschichte vom äthiopischen Eunuchen. C. hatte mich darum gebeten, eine biblische Geschichte herauszusuchen, die sich mit so einer Thematik beschäftigt, nachdem er mich dazu ausgefragt hatte und erstaunt zur Kenntnis nahm, dass es in der Bibel dazu Textstellen gibt.

4.2 Queere Re-Lektüre der Geschichte vom äthiopischen Eunuchen[25]

Die Geschichte vom äthiopischen Eunuchen stammt aus der Apostelgeschichte 8,26–39. Als einen Eunuchen bezeichnete man damals entweder einen kastrierten Mann oder eine geschlechtlich nicht eindeutige Person.

Und die Geschichte geht so:

Jesus war nicht mehr da. Nun mussten die Jünger:innen und alle anderen Gläubigen um Jesus herum seine Lebensgeschichte und seine Botschaft weitertragen. Sie sollten mutig und beharrlich sein und Jesu Botschaft mit ihren eigenen Worten bezeugen. Vor allem aber, so hatte es Jesus den Seinen aufgetragen, sollten sie zu den Menschen gehen und sie im Namen des Vaters und des Sohnes und des Heiligen Geistes taufen. Das war ihr Auftrag. Der erste nicht jüdische Bekehrte, von dem in der Apostelgeschichte berichtet wird, war ein schwarzer Kämmerer, ein Finanzbeamter aus Äthiopien. Und dann auch noch einer, der einer Minderheit angehörte. Er war ein Eunuch.

Nach der biblischen Geschichte war Philippus auf einer Wüstenstraße unterwegs. Dort begegnete er dem äthiopischen Kämmerer. Er wird in der Bibel als Eunuch bezeichnet. Auf dem Rückweg aus Jerusalem saß er in einem Wagen und las ein Kapitel aus dem Buch des Propheten Jesaja. Als er Philippus sah, lud der Fremde Philippus ein, zu ihm in seinen Wagen zu steigen. Philippus erzählte dem Mann von Jesus und seiner Botschaft. Der Eunuch hörte aufmerksam zu. Sein Interesse war geweckt. Und am Ende der Geschichte war er ganz begeistert von den Erzählungen über Jesus. Er zeigte Philippus ein Gewässer, das am Wegesrand lag. Und er sagte: *»Schau mal da drüben. Da ist Wasser. Was steht meiner Taufe noch im Weg?«* *(Apostelgeschichte 8,36)*.

---

25 Erstmals in einer längeren Fassung veröffentlicht in: Söderblom (2020a, S. 35–38).

Er wollte sich von Philippus taufen lassen. Philippus taufte ihn tatsächlich und zog dann weiter seines Weges.

Traditionell wird die Geschichte zumeist so erklärt: Gläubige sollten allen Menschen, denen sie begegnen, von Jesus und seiner Botschaft erzählen. Dann könnten sie vielleicht den einen oder die andere bekehren, auf den richtigen Weg bringen oder sogar retten. Meistens wird dabei gar nicht erwähnt, dass es sich bei dem Kämmerer um einen Eunuchen gehandelt hat. Seine uneindeutige Geschlechtsidentität wurde verschwiegen. Denn sie passte nicht ins Bild.

So geht es in der queeren Re-Lektüre des Textes zunächst einmal darum, diesen Umstand sichtbar zu machen. Der Kämmerer war nicht nur schwarz und kam aus dem Ausland, sondern er war auch ein Eunuch.

Begegnung auf Augenhöhe
In der Geschichte vom äthiopischen Eunuchen ging es nach meiner Überzeugung nicht allein darum, dass der Eunuch sich von Philippus taufen und bekehren ließ. Vielmehr ging es darum, dass Philippus vom Eunuchen beeindruckt war, während sie sich auf Augenhöhe begegneten. Der Eunuch las im Buch Jesaja, als er Philippus traf. Er schien also jemand zu sein, der sich in den jüdischen Schriften auskannte. Vielleicht war er sogar ein Jude. Vielleicht kannte er auch die Zeilen aus dem Deuteronomium, nach dem kein sogenannter »Entmannter« oder »Verschnittener« zur Gemeinde G:ttes kommen konnte (Deuteronomium 23,2). Das Gesetz verbot es Eunuchen, den Tempel zu betreten. Da sie in keine der vorgesehenen Kategorien passten, wurden sie als »unrein« angesehen. Sie passten nicht zum Allerheiligsten. Trotzdem war der Eunuch nach Jerusalem gereist, um zu beten. Wahrscheinlich hatten die Leute ihn damals wieder weggeschickt. Es gab dort keinen Platz für ihn. Der Eunuch war im dreifachen Sinne anders: Er war schwarz, fremd und kastriert oder geschlechtlich uneindeutig.

Er hatte in seinem Leben G:tt gesucht, aber nur Ablehnung und Ausgrenzung gefunden. Auf dem Rückweg traf er ausgerechnet auf Philippus. Und der taufte ihn. Er taufte ihn, weil der Eunuch ihn darum gebeten hatte. Philippus fing nicht an zu argumentieren, dass man dieses oder jenes sein oder vorher getan haben müsste, um getauft zu werden. Er sagte auch nicht, dass ein Eunuch nicht getauft werden dürfte. Er tat es einfach. Die Begegnung mit dem Eunuchen muss eindrücklich für ihn gewesen sein. Vielleicht machte sie ihn nachdenklich, vielleicht berührte sie ihn sogar persönlich. Vielleicht fand Philippus auch gerade durch den Eunuchen heraus, was es wirklich heißt, G:tt zu suchen. Denn er hatte jemanden getroffen, der trotz aller Ablehnung, Ausgrenzung und trotz aller Widerstände weiter nach G:tt gesucht hatte. Wir wissen es nicht. Aber wir wissen, dass Philippus den Fremden taufte. Ausgerechnet einen schwarzen Eunuchen aus dem Ausland.

4.3 Resonanzen

Die Geschichte faszinierte C. Er war begeistert, dass der Eunuch von Philipp getauft wurde, obwohl er ein Ausländer, schwarz und ein Eunuch war.

»Was für eine coole Geschichte«, sagte er danach. *»Ich kannte die gar nicht. Ein Eunuch wurde getauft und gehörte ohne Probleme zum Christentum dazu. Wow!«*

»Ja genau. Denn alle Menschen sind in G:ttes Ebenbild geschaffen, unabhängig von ihrer Herkunft, Hautfarbe, Geschlechtsidentität und sexuellen Orientierung!«, ergänzte ich.

C. konnte sich gar nicht beruhigen, dass die Geschichte in der Bibel stand.

»Dann ist das also gar kein Gegensatz: nichtbinär sein und christlich sein?«, fragte er.

»Genauso ist es!«, antwortete ich bestimmt. C. lächelte.

»Also diese Geschichte werde ich mir merken. Ich spüre, dass da was in mir in Bewegung gerät. Ich fühle mich gar nicht mehr so plump und kantig wie der graue Stein. Plötzlich darf ich ein wenig schillern. Das tut mir gut!«

Wir sprachen auch beim nächsten Treffen über die Bibelstelle und über weitere biblische Aussagen zu Eunuchen. Mittlerweile war über ein Jahr vergangen. Die Abstände unserer Treffen wurden größer und jedes Mal, wenn ich C. sah, war er in seinem Transitionsprozess weiter vorangeschritten. Die Stimme war mittlerweile tiefer, das Gesicht kantiger und sogar Bartstoppeln waren zu sehen. Am Ende des zweiten Jahres wünschte sich C., dass ich in einem Gottesdienst ein Namensfest für ihn feiern sollte. Wir hatten über die Möglichkeit vorher gesprochen. Mittlerweile war C. in einer Selbsthilfegruppe für trans* Personen und kannte einige, mit denen er sich über seine Fragen, Probleme und Ängste austauschen konnte. C. war nun viel selbstbewusster. Aber als Stein bezeichnete er sich immer noch. Der war aber viel bunter und schöner geworden und hatte auch weiche Stellen mit besonders filigranen Mustern bekommen. So erklärte es mir C. und lächelte verschmitzt.

Namensfest

Wir verabredeten uns, ein Namensfest im Rahmen eines Gottesdienstes in der Hochschulgemeinde seiner Universität zu feiern. Wir wollten den feierlichen Übergang vom alten zum neuen Namen symbolisieren und feiern. Der Bibeltext sollte die Geschichte vom äthiopischen Eunuchen sein und C. wollte selbst erklären, was die Geschichte für ihn bedeutet. Er wollte außerdem einige aus seiner Selbsthilfegruppe einladen. Einer von ihnen spielte Klavier und wollte die Musik zum Gottesdienst machen.

»Aber das werden keine Kirchenlieder oder so, sondern improvisierte Stücke, die ich selbst geschrieben habe«, sagte der Freund zu mir im Vorgespräch. Im Zentrum des Gottesdienstes planten wir, dass ich C. seinen neuen Namen zuspreche und ihn segne. Mit diesen Elementen gestalteten wir den Gottesdienst weiter. C. lud einige Freund:innen und sogar Familienmitglieder ein, denen er mittlerweile von seiner Transition erzählt hatte. Die meisten waren zwar erstaunt, reagierten aber relativ gelassen auf die Veränderungen. Nur seine Eltern machten sich Sorgen, dass C. nun einen viel schwierigeren Weg vor sich habe. Viele kamen an dem Tag. Zwei Freundinnen hatten vorher die Kirche geschmückt mit Regenbogenflaggen, Kerzen und Blumen an den Stühlen. Sein Freund improvisierte wie geplant am Klavier und zwei Leute aus seiner trans* Gruppe formulierten gute Wünsche für sein Namensfest. Nach dem Gottesdienst feierten wir im Anbau der Kirche noch mit Sekt und Kuchen und stießen auf C. an. Ich hatte ihn noch nie so fröhlich gesehen wie an dem Nachmittag, dachte ich und war dankbar für den Weg, den wir bis dorthin gemeinsam zurückgelegt hatten.

4.4 Fazit

Für C. war es wichtig, dass wir uns auf Augenhöhe begegneten und ich seine Sorgen und Ängste verstand. Es tat ihm gut, frei von der Leber zu sprechen, ohne Angst haben zu müssen, dass er sich damit verwundbar machte. Die Suche nach Symbolen war bedeutsam für ihn. Er konnte dadurch Bilder für seinen Veränderungsprozess entwickeln. Es half ihm, darüber nachzudenken, wer er war und wie er sein wollte.

Der entscheidende Wendepunkt in der Begleitung war das gemeinsame Reden über die biblische Geschichte vom äthiopischen Eunuchen. Es war für ihn eine große Überraschung, eine biblische Geschichte kennenzulernen, die etwas mit seinem Leben zu tun hatte. Das beeindruckte und stärkte ihn. Durch die biblische Geschichte kamen wir ins Gespräch über ein Namensfest für ihn. Der Eunuch wurde damals getauft. C. hingegen war schon getauft. Aber er hatte seinen Namen geändert. Und das wollte er nun mit einem Namensfest feiern und damit zeigen, dass er nun mit einem anderen Namen zur christlichen Gemeinschaft dazugehörte.

Die Planung und Umsetzung des Gottesdienstes wurde zum Höhepunkt seines bisherigen Transitionsprozesses und bedeutete ihm viel, zumal er daran aktiv beteiligt war. Er erzählte allen Anwesenden, was die biblische Geschichte für ihn bedeutet, und war stolz darauf.

Queersensible Seelsorge und Begleitung kann die Persönlichkeitsentwicklung von queeren Menschen unterstützen. Die queere Re-Lektüre biblischer Geschichten kann dazu einen ermutigenden und stärkenden Beitrag leisten.

5 Trauerfeiern im queeren Umfeld

In meinen verschiedenen pastoralen Diensten hatte ich bereits einige queere Personen beerdigt oder mit queeren Angehörigen und Freund:innen Trauergespräche geführt. In diesen Gesprächen ist es besonders wichtig, dass die Seelsorger:innen sensibel auf Anzeichen achten, die zeigen könnten, dass die Verstorbenen queer waren oder Hinterbliebene queer sind. Queersensible Seelsorge nimmt in solchen Momenten diese Zeichen achtsam auf und geht damit im gesamten Prozess der Vorbereitung und Durchführung von Trauerfeiern bewusst um. Was sie wissen müssen: Nicht immer wissen Angehörige, dass die Verstorbenen queer waren, nicht immer wollen sie, dass darüber in den Ansprachen gesprochen wird. Gleichzeitig muss der Balanceakt gelingen, dass auch die queeren Partner:innen und Freund:innen der Verstorbenen vorkommen, ohne verschwiegen oder ignoriert zu werden. Das ist manchmal nicht einfach. Gerade in Schock- und Trauerzuständen stellt es Betroffene vor große Herausforderungen. Eine queersensible Haltung und ein freundlicher und gleichzeitig gelassener Umgang mit den Themen können helfen, den Beteiligten Ängste und Sorgen zu nehmen und den Prozess würdevoll zu gestalten. Das gelingt allerdings nicht immer, wie ich aus eigener Erfahrung weiß. Im Folgenden berichte ich von einer Trauerfeier, die im Vorfeld nicht einfach war, aber einen guten Ausgang nahm.

5.1 Anfrage

Ich war noch Gemeindepfarrerin in Frankfurt, als ich L. in Berlin kennenlernte. Wir trafen uns auf einer Konferenz über körperliche und geistige Gesundheit von queeren Menschen. L. war in meiner Kleingruppe. Da er auch aus Frankfurt kam, kamen wir schnell ins Gespräch. Über den Verlauf des Wochenendes erzählte er mir von sich. L. war schwul und HIV-positiv. Er lebte aufgrund seiner Medikamente mittlerweile ganz gut damit. Seit Kurzem war allerdings eine Autoimmunerkrankung bei ihm diagnostiziert worden, die ihn schwächte. Er spürte, dass ihn die Mischung von HIV und der neuen Erkrankung seelisch und körperlich sehr zu schaffen machte. Er arbeitete als Angestellter in einer Firma. Dort wussten sie nicht, dass er schwul und HIV-positiv war.

»*Ich habe in meinem Leben einfach zu viele negative Reaktionen und Ablehnung erlebt, wenn ich davon erzählt habe*«, erklärte er.

L. hatte einen Partner B., den seine Familie nicht kannte.

»*Meine Eltern sind so konservativ, die würden ausflippen, wenn sie das hören würden*«, erzählte er weiter.

Ich nickte.

»Ich komme aus einem konservativen protestantischen Elternhaus in einem hessischen Dorf. Da ticken die Uhren noch anders als in der Großstadt!«, lachte er.

Wir blieben auch nach der Konferenz locker im Kontakt. Wir schrieben E-Mails und trafen uns ab und an in einer queeren Bar in Frankfurt.

Tod und Trauer
Zwei Jahre, nachdem wir uns kennengelernt hatten, rief sein Partner B. an, dem ich ebenfalls einmal begegnet war.

»L. ist tot!«, sagte er mit gebrochener Stimme. *»Er ist an einem Herzinfarkt gestorben. Können wir uns sehen?«*

Wir verabredeten uns und trafen uns in einer queerfreundlichen Bar.

»Es ging alles so schnell. Ich konnte mich gar nicht richtig verabschieden!« B. standen die Tränen im Gesicht. *»Ich fand ihn auf dem Boden seiner Wohnung und rief sofort den Notarzt. Da war er aber schon tot. Was soll ich denn jetzt bloß machen?«*

Ich war schockiert und sagte das auch. Ich sprach ihm mein Beileid aus. Mehr Worte hatte ich nicht. Ich hörte ihm zu. Er erzählte viel, stockte, stotterte, weinte und erzählte weiter.

Irgendwann fragte er: *»Könntest du die Trauerfeier übernehmen? Bitte! Ich weiß, dass L. das so gewollt hätte. Und ich weiß überhaupt nicht, wie ich gegenüber seinen Eltern handeln soll. Die wissen ja gar nichts von mir. Die denken, dass ihr Sohn Single war, und wollen nun bestimmt alles mit der Beerdigung regeln. Ich schaffe es nicht, denen das alles zu erklären.«*

Ich erwiderte, dass die Beerdigung tatsächlich mit den nächsten Hinterbliebenen geregelt werden würde. Da die beiden Männer nicht verpartnert oder verheiratet waren, das war damals noch nicht möglich, würden sich die Behörden wohl bei den Eltern melden.

Ich versprach ihm, mich mit den Eltern in Verbindung zu setzen.

Gespräche mit den Eltern
Es war ein schweres Gespräch. Ich hatte mich telefonisch angemeldet und war zu ihnen ins hessische Dorf gefahren. Sie trauerten um ihren Sohn, waren geschockt, fassungslos und völlig aufgewühlt. Gleichzeitig brachen sie in große Geschäftigkeit aus. Sie wollten alles rund um die Beerdigung organisieren und ihren Sohn in dem hessischen Dorf beerdigen lassen.

Ich holte tief Luft und erklärte ihnen, dass es einen nahen Angehörigen in Frankfurt gab, mit dem alles geklärt werden müsste.

»Wie? Wer soll das denn sein?«, fragten sie.

Ich erzählte ihnen von B. und dass die beiden bereits seit über zehn Jahren in einer verbindlichen Beziehung gelebt hatten. Ich erklärte, dass ihr Sohn sich nicht getraut hatte, es ihnen zu erzählen.

Die Stille danach war zum Schneiden. Nach einer gefühlten Ewigkeit fing die Mutter laut an zu weinen, der Vater lief rot an und schrie. *»Ich verbitte mir, dass Sie solche Lügen über meinen Sohn erzählen! Er ist nicht homosexuell. Das wüssten wir. Und dieser B. kann uns mal. Der hat mit unserem Sohn nichts zu tun! Unser Sohn wird hier beerdigt, damit wir uns um das Grab kümmern können. Basta!«*

Schweigen. Nach einer Weile äußerte ich Verständnis für ihren Schock über die überraschenden Neuigkeiten. Ich blieb ruhig und bat sie darüber nachzudenken, was es für den Partner bedeuten würde, wenn sie ihn nach zehn Jahren Beziehung einfach ignorieren würden, nur um einen falschen Schein zu wahren.

Danach verließ ich die Wohnung. Ich spürte, dass es genug war. Beim Abschied erklärte ich, dass ich in den nächsten Tagen wieder anrufen würde. Tatsächlich gingen die Gespräche telefonisch in den nächsten Tagen hin und her. Die Trauer nagte an den Eltern, aber auch der Schock saß tief, dass sie so vieles über ihren Sohn nicht gewusst hatten.

Schließlich willigten die Eltern ein, dass der Sohn in Frankfurt begraben werden sollte und dass ich die Trauerfeier in der Kapelle am Hauptfriedhof übernahm. Es wurde ein Beerdigungsinstitut beauftragt und eine Urne ausgesucht.

Die Eltern wollten nicht, dass die Nachbarn und ihr soziales Umfeld von der sexuellen Orientierung ihres Sohnes erfuhren. Das sollte auch in der Traueransprache nicht gesagt werden. Wieder erklärte ich freundlich, aber deutlich, dass ich das nicht nur mit ihnen, sondern auch mit B. besprechen müsste. Aber ich versprach ihnen, mit allen Informationen achtsam und vorsichtig umzugehen.

Noch vor der Trauerfeier lernten sich die Eltern und B. in meinem Büro kennen. Ich hatte es vorgeschlagen und alle drei waren nach einiger Bedenkzeit einverstanden.

Begegnung und Planung der Trauerfeier
B. erzählte den Eltern von ihrem Sohn und wie die beiden sich kennen und lieben gelernt hatten. Er zeigte ihnen Fotos, wie sie in den letzten zehn Jahren zusammengelebt hatten, ohne eine Wohnung zu teilen. Das war ihnen zu heikel gewesen. B. erklärte, dass L. bewusst entschieden hatte, seinen Eltern nichts zu erzählen, weil er ihre Reaktion fürchtete. Die Eltern schwiegen und hörten zu. Nach einer Stunde setzte ich eine zweite Kanne Tee auf und ließ die drei allein. Sie schienen sich ganz gut zu verstehen. Nach einer weiteren Stunde waren sie sich einig, dass B. als Partner in der Traueransprache erwähnt werden dürfte.

B. wünschte sich Musik von Leonard Cohen, dem Sänger, den beide sehr mochten. Die Eltern waren dafür offen.

»Wie wäre es mit dem Titel Anthem?«, fragte ich.
Da kommt diese Zeile vor, die ich sehr mag:
»Ring the bell, that still can ring.
Forget your perfect offering.
There is a crack in everything.
That's how the light gets in.«

»Läute die Glocke, die noch klingen kann.
Vergiss deine vollkommene Opfergabe.
Da ist ein Riss in allem.
So fällt das Licht herein.«
(eigene Übersetzung)

Ich erklärte dazu meine Gedanken. Ich sagte sinngemäß: Gerade in Trauer oder in Krisen sehen Menschen oft kein Licht mehr am Ende des Tunnels. Das Licht kommt einfach nicht mehr durch. Aber, so singt es Leonard Cohen, gerade durch Risse in dem, was zerbricht und schmerzhaft ist, kommt eben doch ein wenig Licht durch. Es findet seinen Weg durch die Ritzen. So verstehe ich den Text von Leonard Cohen.

5.2 Queere Re-Lektüre von Johannes 8,12

B. und die Eltern nickten. Sie waren damit einverstanden, dass ich den Text in dieser Weise in meiner Ansprache auslegte. Nun fehlte nur noch ein Bibelvers. Der war ausgerechnet B. sehr wichtig. Ich holte eine Sammlung von Bibelversen hervor, die ich für Trauergespräche immer dabeihatte. Ich zeigte auf einen, der die Lichtthematik von Leonard Cohen aufnahm.

»Wie wäre es mit diesem Bibelwort?«, fragte ich und las laut vor:

»Ich bin das Licht der Welt. Wer mir nachfolgt, wird nicht wandeln in Finsternis, sondern das Licht des Lebens haben« (Johannes 8,12).

Die anderen lasen den Vers ebenfalls laut und ließen den Inhalt auf sich wirken. Nach einer Weile sprach ich weiter:

»Jesus versprach den Menschen durch seine Botschaft Licht. Nicht das gleißende Licht an einem strahlenden Sonnentag, nicht das grelle Scheinwerferlicht, sondern das kleine bisschen Licht, das durch Ritzen hindurch glimmt und den Funken Hoffnung am Leben hält. Genauso, wie es Leonard Cohen besungen hat.«

Ich hatte das selbst schon erlebt. Und ich dachte bei mir, dass genau dieses kleine bisschen Licht für viele queere Menschen bereits so viel bedeutete. Denn sie wagten es oft nicht, ins helle Spotlight zu treten, so, wie sie waren. Genauso, wie L. sich nicht getraut hatte, sich vor seinen Eltern zu outen. Gerade deshalb, davon war ich überzeugt, galt Jesu Zuspruch gerade für diejenigen, die so oft im Dunkeln zurückgelassen werden.

5.3 Resonanzen

B. und die Eltern stimmten meinem Vorschlag für den Bibelvers zu.

»Oft habe ich wirklich kein Licht mehr gesehen«, reagierte B. auf meine Worte. *»Dieses Doppelleben hat mich fertiggemacht. L. war da sehr ängstlich. Seine religiöse Sozialisation hat ihn stark geprägt. Und die hat es ihm unmöglich gemacht, sich in seinem familiären Umfeld zu outen. Ich habe das akzeptiert und mich angepasst. Aber gut ging es mir damit nicht. Und nun kann ich es kaum glauben, dass ich gerade mit L.s Eltern in einem Raum sitze und mit ihnen gemeinsam seine Trauerfeier bespreche. Das hätte ich nie gedacht! Ausgerechnet nach L.s Tod kommt da ein kleiner Lichtstrahl in mein Leben. Trotz aller Trauer. Ich habe L. verloren und seine Eltern gefunden. Was für ein Wahnsinn!«*

L.s Eltern schwiegen zunächst. Aber an ihren Gesichtern konnte ich ablesen, dass sie mittlerweile bereit waren, ihren verstorbenen Sohn so zu sehen, wie er war, und nicht nur ein Scheinbild von ihm. Was aber auch klar war: Sie würden noch sehr viel Zeit brauchen, um das alles zu verdauen.

Es blieb schließlich noch genug Raum, dass die Eltern von ihren Erinnerungen an ihren Sohn erzählen konnten. Und wir sprachen ab, was ich davon in der Traueransprache erwähnen sollte.

Die Trauerfeier
Meine Gespräche mit den Eltern und B. und meine Gedanken zum Liedtext von »Anthem« und dem Bibelwort aus Johannes 8,12 verwob ich in der Trauerfeier zu einer persönlichen Ansprache. Es waren einige Freunde von L. und B. da, die dankbar waren, dass nicht verschwiegen wurde, dass L. schwul war und die beiden ein Paar waren. Und auch die Eltern und einige fernere Angehörige waren erleichtert, dass L. eine liebevolle Trauerfeier erhielt und einige Erinnerungen der Eltern an ihren Sohn ebenfalls in der Ansprache vorkamen.

Im Anschluss an die Trauerfeier gingen die meisten noch mit in ein nahes Café. Die Eltern hatten eingeladen. Es war eine bunte Mischung von Leuten aus einem hessischen Dorf und queeren Personen aus der Großstadt. Ich schaute mir das bunte Bild eine Weile vom Tresen aus an und dachte: So bunt sollte Kirche immer sein.

5.4 Fazit

Aufgrund der Begegnung mit einem schwulen Mann und seinem Partner wurde ich gefragt, ob ich die Trauerfeier für L. übernehmen könnte, als er gestorben war. Ich traf mich mit dem trauernden Partner, nahm mir dafür Zeit und versprach, auch mit den Eltern zu sprechen. Sie hatten bis dahin nicht gewusst, dass ihr Sohn schwul war. Es waren schwierige und schmerzvolle Gespräche. Aber meine wertschätzende Haltung ihnen gegenüber und meine Fürsprache für den Partner machten es möglich, über Widerstände hinweg ins Gespräch zu kommen und schließlich sogar die Trauerfeier gemeinsam zu planen. Das war für alle Beteiligten ein bedeutsamer Prozess. Dadurch wurde es auch möglich, Schmerzen, Trauer und Verlust zuzulassen und vor den anderen zu zeigen. Der Austausch und die Planung der Trauerfeier hatten intensive Seelsorgeanteile. Die queerfreundliche Atmosphäre bei den Gesprächen eröffnete eine Möglichkeit für die Eltern, ihren Sohn nachträglich so anzunehmen, wie er war.

6 Schlussfolgerungen

Alle fünf Fallbeispiele aus der Kasualienarbeit zeigen, dass seelsorgliche Gespräche am Rande oder im Zentrum der Vorbereitung auf Kasualiengottesdienste eine wichtige Rolle spielen können. Wenn die Kasualhandlungen mit queeren Themen verbunden sind, weil es um eine gleichgeschlechtliche Segnung oder Trauung geht oder queere Personen bei Taufen, Segnungen, Konfirmationen oder Trauerfeiern beteiligt sind, ist eine queersensible seelsorgliche Haltung genauso wichtig wie ein queersensibles Verhalten.

Im ersten Beispiel der Segnung eines Frauenpaares wäre es vermutlich gar nicht erst zum Segnungsgottesdienst gekommen, wenn nicht der gesamte Kirchenvorstand, mein Kollege und ich engagiert um die Entscheidung zur Durchführung des Segnungsgottesdienstes gerungen hätten. Einige Monate später musste ich die Trauerfeier für eine der beiden Partnerinnen übernehmen und ich begleitete die trauernde Partnerin als Seelsorgerin noch eine ganze Weile, ohne dass queere Themen ausgeklammert wurden.

Die Segnung des Jungen eines Frauenpaares konnte ebenfalls angemessen vorbereitet und durchgeführt werden, weil Kritik an der Institution Kirche und queere Themen erlaubt und nicht tabuisiert wurden.

Auch im Konfirmandenunterricht konnte das Thema gleichgeschlechtliche Liebe engagiert bearbeitet werden und ein schwuler Jugendlicher konnte sich outen, weil die Jugendlichen mir insgesamt einen queersensiblen Umgang mit der Thematik zutrauten.

C. wäre wegen der Begleitung seiner Transition wohl nicht auf mich zugekommen, wenn ich nicht schon vorher in Predigten und anderen Aussagen deutlich gemacht hätte, dass ich queertheologische Themen im Blick habe. Dies gilt auch für die Trauerfeier für den schwulen Mann, dessen Eltern weder wussten, dass ihr Sohn schwul war, noch dass er einen Partner hatte.

Die Person der Seelsorgerin spielte in der seelsorglichen Begleitung von allen beschriebenen Kasualhandlungen eine wichtige Rolle. Darüber hinaus war die Auseinandersetzung mit biblischen Texten aus queerer Perspektive in allen Fallbeispielen hilfreich, um lebensgeschichtliche Themen bearbeiten zu können. Die meisten waren dabei überrascht, dass es überhaupt biblische Geschichten gibt, die zu ihren Lebensthemen etwas zu sagen hatten. Die anlassbezogene Begleitung von Menschen an wichtigen Knotenpunkten des Lebens hatte schließlich eine ganz eigene Kraft, um die Beteiligten berühren zu können. Miteinander feiern und lachen, loben und singen, danken und bitten, weinen und trauern, klagen und trösten, schreien und schweigen sind existenzielle Handlungen im Lebenszyklus. Wenn sie in queersensibler Haltung auch queere Menschen mit einbeziehen, können es ermutigende und stärkende Erfahrungen sein. Sie sind Grundlagen einer queersensiblen Seelsorge im Lebenszyklus.

VII Queersensibel seelsorglich predigen

Kurze Andachtsimpulse, Predigten und Predigtmeditationen kommen nicht nur in Gottesdiensten vor. Sie gibt es auch beim Krankenbesuch, auf christlichen Konferenzen, bei Morgenimpulsen im Radio, als Kurzimpuls für die Einführung in Workshops oder Trainings, auf Kirchentagen und an vielen anderen Orten. Oft haben sie eine seelsorgliche Komponente. Oder anders gesagt: Aus biblischen Impulsen und Predigtmeditationen können sich im Nachgespräch oder in der Reaktion Einzelner seelsorgliche Situationen ergeben. Manchmal entstehen daraus sogar längere Seelsorgebegleitungen. Wenn die Predigtgedanken biblische und alltägliche Themen aus einer queeren Perspektive beleuchten, gibt es ein klares Signal an queere Menschen, dass sie dort mit ihren Fragen und Themen richtig sind. Es setzt die Hürde von queeren Menschen herab, sich an Seelsorger:innen zu wenden. Denn Predigtinhalte aus queerer Perspektive geben einen konkreten Anknüpfungspunkt für queersensible Seelsorge. Im Folgenden stelle ich einige Predigtmeditationen aus queerer Perspektive vor, die ich in unterschiedlichen Kontexten gehalten habe, und notiere Reaktionen und Resonanzen darauf.

1 »Steh auf und geh!« – die Heilung am Teich Bethesda queer erzählt

1.1 Predigt
Die biblische Textgrundlage steht in Johannes 5,1–9. Diese Predigt habe ich auf einer ökumenischen Lesbentagung an der Evangelischen Akademie in Bad Boll

gehalten.[26] Im Anschluss an die Predigt gab es ausreichend Zeit zum Austausch in Kleingruppen und zu einem daran anschließenden Nachgespräch im Plenum.

In einer Kleinstadt
38 Jahre war er nun schon alt. 38 Jahre Leben. 38 Jahre Doppelleben. Wie konnte es bloß so weit kommen? Kai hatte es bisher nicht geschafft, reinen Tisch zu machen. Endlich mal sagen, wie es wirklich war. Bisher war der Gewinn, nichts zu sagen, größer als die Befreiung, endlich den Mund aufzutun. Aber Kai war darüber krank geworden. Krank an seiner Seele, krank in seiner Selbstachtung. Krank, weil sein Doppelleben krank war. Er verachtete sich zutiefst, weil er sich selbst und seine Lieben verraten hatte. Trotzdem. Er traute sich nicht, die Wahrheit zu sagen.

Er war so aufgewachsen: Schwul sein war pervers, sündig, eklig, krank. Das durfte auf keinen Fall sein. Und wer so fühlte, der war es nicht wert, Teil der Gesellschaft zu sein. So hatte er es auf dem Schulhof gehört, so hatte er es in seiner kirchlichen Jugendgruppe gehört, so hatte er es von seinen Eltern gehört. Aber er war doch gar nicht eklig, pervers, krank. So war er nicht. Und wenn er es nicht sagte und lebte, würde es doch auch niemand merken, oder? Und von da an versuchte er alles, um seine wahren Gefühle zu verstecken. Er trug eine Maske und wurde krank an Körper und Seele. Und er blieb es. Der Gewinn, nichts zu sagen und sich nicht zu zeigen, war größer als die Erleichterung, endlich alles rauszulassen.

Am Teich Bethesda
Und ein kranker Mann saß seit 38 Jahren am Teich Bethesda. Einem Ort, an dem Kranke geheilt werden können. Er konnte selbst nicht aufstehen und nicht gehen. 38 Jahre war er alt, aber er sah schon aus wie sechzig. Dreckig war er und seine Kleider waren nur noch Fetzen. Seine Haut war trocken und runzlig, er hatte unendlich viele Falten im Gesicht und sah furchtbar aus. Er stank zum Himmel und wollte da weg. Aber bisher hatte er es auch mit Hilfe von anderen nicht geschafft, als Erster im Teich zu sein, wenn sich das Wasser bewegte, um dann im Teich unterzutauchen. Das musste er aber, um geheilt zu werden. So hieß es. Immer war er zu spät. Immer war jemand anders schneller. Immer kam etwas dazwischen. So wurde er schwächer und schwächer. Nach 38 Jahren saß er immer noch da, ekelte sich vor sich selbst und wartete.

---

26 Erstmals veröffentlich in: Söderblom (2020a, S. 14–18).

Heilung
Eines Tages kam Jesus zu ihm und fragte ihn:
»*Mensch, willst du gesund werden?*«
Als Antwort wiederholte der seine Leidensgeschichte. Er wollte es erklären. Er wollte berichten, warum er krank war und dafür nichts konnte, warum er es noch nicht geschafft hatte, als Erster an den Teich zu kommen, warum er immer noch dasaß. Er wollte, dass der Fremde ihn verstand. Der Fremde hörte ihm zu. Dann sagte er:
»*Steh auf, nimm deine Matte und geh!*«
Erst verstand der Mann nicht. Aber Jesus sah ihn auffordernd an, ohne mit der Wimper zu zucken. Da versuchte er es. Seine Gelenke knackten, seine Beine knickten ein. Aber er blieb dran. Erstaunt stellte er fest, dass er tatsächlich aufstehen konnte. Ganz allein. Er hatte Angst, dass er gleich wieder umfallen würde. Er schwankte und sah sich unsicher um. Er stank, und in seinen dreckigen Lumpen sah er schrecklich aus. Er schämte sich und schnaufte furchtbar. Er war es ja nicht gewohnt zu stehen. Aber es hatte geklappt. Trotz allem. Es konnte eigentlich gar nicht sein. Aber er stand. Er konnte nach 38 Jahren tatsächlich auf eigenen Beinen stehen und gehen. Ein Wunder war geschehen. Er hatte es geschafft.

Ungläubig nahm er seine Matte und erzählte allen, die es hören wollten, von seinem Erlebnis. Er war unsicher, was er eigentlich sagen sollte. Es war alles so überwältigend. Wie hatte der Fremde das nur geschafft? Und wie hatte er selbst das bloß geschafft? Er wusste ja gar nicht, wie Leben ohne Sitzen gehen kann. Er war doch krank gewesen und jetzt das. Und Angst hatte er auch, wie es weitergehen sollte. Weil nun alles so anders war. Aber er war auch glücklich und dankbar, dass er sich bewegen konnte.

Angst
Kai meditierte seit einer Weile einmal die Woche abends in einer Kirchengemeinde unweit seines Arbeitsplatzes. Atemübungen, schweigend sitzen, ein Gebetswort mit in die Stille nehmen. Zum Schluss jeder Sitzung ein Segenswort der Pfarrerin. Es tat ihm gut. Er wurde ruhiger. Er versuchte, seine Gebete von früher wiederzufinden. Aber das gelang ihm nicht. Es blieb das Schweigen. Einatmen, ausatmen. Während einer Meditationssitzung hörte er im Schweigen eine Stimme in sich:
»*Kai, willst du gesund werden?*«
»*Ja schon*«, sagte er zu sich selbst. Und er sprach weiter zu sich:
»*Aber meine Angst ist einfach zu groß. Was wird meine Frau sagen? Und was werden meine Eltern sagen, wenn sie erfahren, dass ich Männer liebe? Ich kenne ihre ablehnende Meinung zu Homosexualität. Und wie wird mein Arbeitgeber reagieren, wenn sie rauskriegen, dass ich schwul bin? Sie werden mich doch hochkant rausschmeißen. Sie werden mich meiden und sich über mich lustig machen. Sie werden*

über mich herziehen: ›Haha ..., der ist 'ne Tunte, er liebt Männer, eine verdammte Schwuchtel ist der.«

Innerer Kampf
Die innere Stimme sprach immer wieder zu Kai:
»Kai, willst du gesund werden?«
Und so ging sein innerer Dialog weiter:
»*Ja schon, aber ich traue mich nicht. Meine Frau weiß von nichts. Schwulen Sex habe ich bisher nur im Geheimen gehabt. Keine festen Beziehungen, kein Wort darüber. Ich lebe ein Doppelleben, und das macht mich ganz krank. Ich habe ein Magengeschwür. Mein Doppelleben ist mir auf den Magen geschlagen. Und ich habe einen Pfeifton in den Ohren. Als ob meine Ohren meine Lügen nicht mehr hören wollen. Ich schlafe schlecht, fühle mich matt und antriebslos. Ich habe mit Depressionen zu kämpfen. Aber ich gehe nicht zum Therapeuten, und ich gehe auch nicht zum Arzt. Ich weiß ja, woher es kommt. Wenn ich reinen Tisch machen würde bei meiner Frau, meinen Eltern, meinen Freunden und meinen Kollegen, dann ... Ja was dann? Aber ich traue mich einfach nicht. Ich fühle mich krank. Aber so krank, wie ich bin, gehts mir immer noch besser, als wenn ich ehrlich wäre. Dann wäre mein ganzes Leben zerstört.*«

Wieder sprach seine innere Stimme:
»Kai, steh auf und mach endlich den Mund auf! Geh und bring dein Leben in Ordnung. Steh auf und werde gesund!«
Kai war verblüfft und verstört. So eine klare Ansage hatte er noch nie gehört. Nach der Meditationssitzung war er ganz aufgewühlt. Er bat die Pfarrerin um ein Gespräch. Da brach alles aus ihm heraus. Die Pfarrerin hörte ihm zu, nickte verständnisvoll und riet ihm, seiner Frau die Wahrheit zu sagen. Außerdem bot sie ihm an, dass er bei Bedarf gern wieder zu ihr zum Gespräch kommen könnte.
Nach dem Gespräch zog er sich seine Jacke an und ging auf die Straße. Dort ging er ziellos umher. Stundenlang war er so unterwegs. Dann fasste er einen Entschluss. Seit Langem wartete er schon auf diesen Moment. Und dann tat er es. Er sagte es seiner Frau, telefonierte mit seinem besten Freund und danach mit seinen Eltern. Er besuchte in den nächsten Wochen alle, die ihm wichtig waren, und sagte ihnen, was es zu sagen gab. Er weinte und stotterte, brach Sätze ab und begann von neuem. Und dann war es endlich draußen.

Entsetzen
Als er es seiner Frau erzählte, herrschte danach erst einmal Stille. Sie war schockiert, entsetzt und fassungslos. Dann wurde sie wütend und schrie ihn an:

»Warum hast du mir das nicht früher gesagt? Warum hast du mir Theater vorgespielt? Warum hast du ein Doppelleben gelebt? Mit anderen Sexpartnern und dem vollen Programm? Mir wird übel, wenn ich nur daran denke. Warum hast du kein Vertrauen zu mir gehabt, oder zumindest zu einem Therapeuten? Keine Sorge, dass du schwul bist, ist nicht das Problem. Aber wenn du ehrlich gewesen wärst, dann hättest du vielleicht ganz anders gelebt, mit mir oder ohne mich, keine Ahnung. Auf jeden Fall hättest du dir und der Welt die Wahrheit sagen müssen. Du hast eine Lüge gelebt und mich da mit reingezogen!«

Kai konnte darauf nichts erwidern, nichts erklären, nichts sagen. Er hörte sich den Wutanfall seiner Frau an und nickte. Er konnte sie verstehen. Sie hatte recht. Er war leer im Kopf und hatte keine Worte. Trotzdem konnte er auch verstehen, warum er so lange gebraucht hatte, den Mund aufzumachen. Nur erklären konnte er es nicht.

Weg war die Doppelleben-Matte
Jetzt war er also aufgestanden. Er hatte sich seine bequeme Doppelleben-Matte weggezogen und sich den Boden unter den Füßen gleich mit. Es war schrecklich, schmerzhaft, und er schämte sich. Warum hatte er so lange gewartet und so lange die Unwahrheit gesagt?

Seine Frau war wütend, verletzt und wollte nichts mehr mit ihm zu tun haben. Er war untröstlich und traurig. Aber wenn er ehrlich war, war er trotz allem auch erleichtert. Endlich war es draußen. Endlich hatte er das gesagt, wovor er sich Jahre lang gefürchtet hatte. Es war schwer gewesen, und er hatte seiner Frau und seinen Eltern wehgetan. Aber irgendwo in seinem Inneren wusste er auch, dass es der richtige Schritt war. Ja, er hätte es schon viel früher machen müssen. Er hätte vielleicht gar nicht heiraten dürfen. Aber er liebte seine Frau. Das Leben war eben nicht nur schwarz oder weiß. Es war alles viel komplizierter und verworrener. Und er hatte gehofft, dass seine Bewegungslosigkeit und Antriebslosigkeit irgendwann vorbeigingen. Er hatte gewartet und gewartet. Und dabei war er krank geworden.

Leben zwischen Scherben und Hoffnung
Und nun war es heraus. Sein Leben lag in Scherben. Aber tief in seinem Inneren wusste er auch, dass er nun wieder in den Spiegel schauen und sich ansehen konnte. Mit Wunden und Narben, mit Falten, zerzausten Haaren und Bartstoppeln. Nur so hatte er eine Chance, dass in ihm irgendwann etwas heilen könnte. Dass vielleicht sein Magengeschwür nachlassen würde, dass seine Ohren und seine Seele zur Ruhe kommen könnten. Er wusste auch, dass er dafür professionelle Hilfe brauchte. Darum würde er sich kümmern.

Ob er sich mit seiner Frau je wieder versöhnen würde, wusste er nicht. Aber er hatte etwas verstanden: Nur wenn er ehrlich zu sich selbst ist, kann er es vielleicht irgendwann schaffen, sich mit sich selbst und anderen zu versöhnen und ein Leben in Würde zu führen.

1.2 Resonanzen

Viele der bisexuellen, lesbischen oder queeren Tagungsteilnehmerinnen kannten die Gefühle von Angst, Sorge und Scham. Nicht wenige von ihnen waren selbst verheiratet und hatten Kinder. Manche hatten immer gewusst, dass sie anders waren. Aber es war ihnen nicht möglich gewesen, darüber zu sprechen. Zu stark war der kirchliche und gesellschaftliche Druck gewesen, normal zu sein. Zu stark waren aber vor allem auch die Ängste vor Abwehr, Häme und anderen negativen Reaktionen. Der Gewinn, nichts zu sagen, war also auch für einige der Anwesenden hoch genug, obwohl sie sich nach einem anderen Leben sehnten.

Andere hatten ihr Coming-out früh gehabt oder noch gar nicht. Letztere wollten nicht in eine Schublade gesteckt werden. Ihnen allen war die Sorge gemein, dass sie Ablehnung erfahren oder sogar berufliche Repressalien erleiden würden, wenn sie sich als lesbisch, bisexuell oder queer outeten. Zu schweigen und unsichtbar zu bleiben, war daher eine bittersüße Möglichkeit, das eigene Leben zu leben, ohne anzuecken und ohne aus den heteronormativen Regeln ausbrechen zu müssen. Einige bezahlten dafür allerdings seelisch und körperlich einen hohen Preis. Unsichtbarkeit und Doppelleben kosten Lebensenergie, erzeugen Schuld- und Schamgefühle und führen zu Krankheiten und Depressionen.

Die Frage des Krankheitsgewinns, der in der Predigt angesprochen wurde, bewegte zahlreiche Teilnehmende und löste intensive Gespräche aus. Sie erzählten sich gegenseitig ihre Ängste, manche teilten ihre Befreiungsgeschichten nach dem Coming-out. Dadurch wurden sie sich gegenseitig zu queersensiblen Seelsorgerinnen auf Zeit. Für einige wurde es der Beginn von lebensgeschichtlichen Veränderungen. Eine Frau begleitete ich nach der Tagung als Seelsorgerin noch für eine längere Zeit.

2 »Komm heraus!« – die Auferweckung des Lazarus queer erzählt

2.1 Predigt

Die biblische Textgrundlage steht in Johannes 11,1–45. Die Predigtmeditation habe ich in einem Workshop im Rahmen einer ökumenischen Lesbentagung an der Evangelischen Akademie in Bad Boll vorgetragen.[27] Eine Frau las die

---

27 Die Textmeditation ist inspiriert von einer Predigt zum Bibeltext von Birgit Mattausch und einer Radioandacht von Sandra Zeitler. Zuerst veröffentlicht in: Söderblom (2020a, S. 19–25).

biblischen Verse, während ich meine szenischen Sätze dazu las. Im Anschluss an die Meditation nahmen wir uns viel Zeit in Kleingruppen, um die aufkommenden Gefühle und Assoziationen der Zuhörenden aufzunehmen und zu bearbeiten. Mit zwei Frauen hatte ich im Anschluss daran noch persönliche Einzelgespräche zum Thema.

Krank
1 Es lag aber einer krank, Lazarus aus Bethanien, dem Dorf Marias und ihrer Schwester Marta. 2 Maria aber war es, die den Herrn mit Salböl gesalbt und seine Füße mit ihrem Haar getrocknet hatte. Deren Bruder Lazarus war krank.

Krank. Was krank macht: verstecken, verstummen, Masken tragen. Doppelleben führen. Nicht ehrlich sein können. »Ja, meine beste Freundin fährt mit mir in den Urlaub.« – »Wie schön, dass Sie nicht allein fahren müssen.« Gute Miene zum bösen Spiel. Versteckt fühle ich mich sicherer. Wer weiß, was sonst die Familie, Nachbarn, Vorgesetzte sagen. Ich fühle mich nicht sicher. Das macht mich krank.

Der, den du lieb hast
3 Da sandten die Schwestern zu Jesus und ließen ihm sagen: Herr, siehe, der, den du lieb hast, liegt krank.

Der, den du lieb hast. Jesus liebt Lazarus. Lazarus liebt Jesus. Heißt: Sie mögen sich. Sie verstehen sich. Mehr geht nicht. Alles andere ist undenkbar. Ist ungehörig, unsittlich, unmöglich. Jesus, der Sohn G:ttes. Na klar, er liebte alle seine Lieben. Hat er nicht gesagt: Liebe deinen Nächsten wie dich selbst? Na also. Überinterpretieren ist nicht zulässig. Liebhaben und lieb haben. Das sind zwei ganz verschiedene Sachen. Jesus liebt Lazarus. Lazarus liebt Jesus.

Es dauert
4 Als Jesus das hörte, sprach er: Diese Krankheit ist nicht zum Tode, sondern zur Verherrlichung G:ttes, dass der Sohn G:ttes dadurch verherrlicht werde. 5 Jesus aber hatte Marta lieb und ihre Schwester und Lazarus. 6 Als er nun hörte, dass er krank war, blieb er noch zwei Tage an dem Ort, wo er war.

Verzögerung. In den Schuhen ist Blei. Je schneller ich laufe, desto weiter weg gerät das Ziel. Ich will los. Aber ich werde aufgehalten. Hier noch ein Termin, da noch eine Verpflichtung. Sachzwänge. Verantwortung. Ich komme nicht los. Jeder Schritt ein Kampf. Jeder Tritt wackelig, zu viel. Es dauert … zu lang.

Steinigen
7 Danach spricht er zu den Jüngern: Lasst uns wieder nach Judäa ziehen! 8 Die Jünger aber sprachen zu ihm: Rabbi, eben noch wollten die Juden dich steinigen, und du willst wieder dorthin ziehen?

Steinigen. Er ist anders. Er ist fremd. Er irritiert. Er spielt nicht nach den bekannten Regeln. Er hält sich nicht an die bekannten Gesetze. Er ist anders. Wir müssen ihn stoppen. Bekämpfen. Entzaubern. Beseitigen. Steinigen. Wer ohne Sünde ist, werfe den ersten Stein.

Tag und Nacht
9 Jesus antwortete: Hat nicht der Tag zwölf Stunden? Wer bei Tage umhergeht, der stößt sich nicht; denn er sieht das Licht dieser Welt. 10 Wer aber bei Nacht umhergeht, der stößt sich; denn es ist kein Licht in ihm.

Tag und Nacht. Licht ist hell, klar, sicher, positiv, sagt man. Nacht ist dunkel, gefährlich, erschreckend, brutal, sagt man. Ich bin ein Kind der Nacht. Verstecke mich, brauche den Schutz der Dunkelheit. Brauche die späten Stunden für versteckte Treffen, verschämte Begegnungen, Liebe ohne Sichtbarkeit. Verstecktes Leben. Leben im Schrank. Mit Maske. In der Dunkelheit. Ich gehe am Tag unter. In der Scheinwelt. Im Rampenlicht der Lügen und Geschichten. Ich brauche die Dunkelheit zum Überleben. Was ich erst spät erkenne: Ich brauche auch das Licht.

Schlaf und Tod
11 Das sagte er, und danach spricht er zu ihnen: Lazarus, unser Freund, schläft, aber ich gehe hin, dass ich ihn aufwecke. 12 Da sprachen die Jünger zu ihm: Herr, wenn er schläft, wird's besser mit ihm. 13 Jesus aber sprach von seinem Tode; sie meinten aber, er rede von der Ruhe des Schlafs. Schlaf und Traum, Tod und Leben.

Jeder Schlaf ist ein Tod. Und jeder Tod ist ein Schlaf. Schlafen gehen, wenn leben zu anstrengend ist. Rückzug. Unter die Bettdecke. Ab in die Dunkelheit. Helligkeit und Licht ertrage ich kaum. Wenn die Lügen zu viel werden. Das Doppelleben zu kompliziert. Wenn die Maske drückt und den Atem nimmt. Dann ist Schlaf ein Segen. Jeder Schlaf ist ein Tod. Und jeder Tod ist ein Schlaf.

Mit ihm gehen
14 Da sagte ihnen Jesus frei heraus: Lazarus ist gestorben; 15 und ich bin froh um euretwillen, dass ich nicht da gewesen bin, auf dass ihr glaubt. Aber lasst uns zu ihm

gehen! 16 Da sprach Thomas, der Zwilling genannt wird, zu den anderen Jüngern: Lasst uns mit ihm gehen, dass wir mit ihm sterben!

Mit ihm gehen. Lasst uns mit ihm gehen. Durch die Nacht. Durch Hindernisse. Durch Gefahren. Gemeinsam, nicht allein. Lasst uns mit ihm gehen. Das Ziel nicht kennen. Nur mitgehen. Mit-leben. Mit-sterben. Nicht allein. Im Leben. Im Sterben. Nicht allein.

Trauern und trösten
17 Da kam Jesus und fand Lazarus schon vier Tage im Grabe liegen. 18 Betanien aber war nahe bei Jerusalem, etwa fünfzehn Stadien entfernt. 19 Viele waren zu Marta und Maria gekommen, sie zu trösten wegen ihres Bruders. 20 Als Marta nun hörte, dass Jesus kommt, ging sie ihm entgegen; Maria aber blieb im Haus sitzen.

Wir hatten ja keine Ahnung. Wenn wir das gewusst hätten. Wir hätten uns eher gekümmert. Wie tragisch. So ein sympathischer junger Mann. Das hätten wir nie gedacht. Er ist doch nicht so einer. Nein, er sieht doch so normal aus. Das kann nicht sein. Wie konnte das passieren? Was sollen die Eltern denken? Was sollen die Nachbarn sagen? Was haben sie falsch gemacht? Das haben sie nicht verdient. Das ist das Ende.

Glaubst du das?
21 Da sprach Marta zu Jesus: Herr, wärst du hier gewesen, mein Bruder wäre nicht gestorben. 22 Aber auch jetzt weiß ich: Was du bittest von G:tt, das wird dir G:tt geben. 23 Jesus spricht zu ihr: Dein Bruder wird auferstehen. 24 Marta spricht zu ihm: Ich weiß, dass er auferstehen wird bei der Auferstehung am Jüngsten Tage. 25 Jesus spricht zu ihr: Ich bin die Auferstehung und das Leben. Wer an mich glaubt, der wird leben, ob er gleich stürbe; 26 und wer da lebt und glaubt an mich, der wird nimmermehr sterben.

Glaubst du das? Glaubst du an das Leben? Glaubst du dran, frei zu sein? Frei vom Doppelleben. Frei von Angst. Frei zu sein, wie ich bin. Nicht mehr lebendig begraben. Nicht mehr im Grab der Lügen. Nicht mehr im Grab der Masken und Verstrickungen. Endlich frei. Glaubst du das?

Heimlich
27 Sie spricht zu ihm: Ja, Herr, ich glaube, dass du der Christus bist, der Sohn G:ttes, der in die Welt kommt. 28 Und als sie das gesagt hatte, ging sie hin und rief ihre Schwester Maria und sprach heimlich zu ihr: Der Meister ist da und ruft dich.

Heimlich, dass es keiner hört. Heimlich, dass es keiner sieht, keiner weiß. Heimlich ein Kuss. Heimlich ein anderes Leben. Heimlich jemand ins Vertrauen ziehen. Endlich was sagen. Endlich aus der Gruft von Lügen und Schweigen steigen. Ein Anfang. Endlich.

Wärst du nur
29 Als Maria das hörte, stand sie eilends auf und kam zu ihm. 30 Jesus aber war noch nicht in das Dorf gekommen, sondern war noch dort, wo ihm Marta begegnet war. 31 Als die, die bei ihr im Hause waren und sie trösteten, sahen, dass Maria eilends aufstand und hinausging, folgten sie ihr, weil sie dachten: Sie geht zum Grab, um dort zu weinen. 32 Als nun Maria dahin kam, wo Jesus war, und sah ihn, fiel sie ihm zu Füßen und sprach zu ihm: Herr, wärst du hier gewesen, mein Bruder wäre nicht gestorben.

Wärst du nur da gewesen. Vielleicht wäre ich mutiger gewesen. Weniger isoliert, weniger verängstigt, weniger erstarrt, weniger außer mir. Wärst du nur da gewesen, hätte ich mehr Mut gehabt aufzustehen. Aus der Gruft der Lügen. Aus dem scheinbaren Schutz des Schweigens, der Dunkelheit. Aus dem Leben, das nicht meins ist. Wärst du nur …

Über die Augen
33 Als Jesus sah, wie sie weinte und wie auch die Juden weinten, die mit ihr kamen, ergrimmte er im Geist und erbebte 34 und sprach: Wo habt ihr ihn hingelegt? Sie sprachen zu ihm: Herr, komm und sieh! 35 Und Jesus gingen die Augen über.

Über die Augen kommen die Tränen. Über die Augen werden die Grenzen flüssig zwischen hell und dunkel, klar und verschwommen, richtig und falsch, tot und lebendig, normal und unnormal. Über die Augen kommen die Tränen. Wird Trauer sichtbar. Alles fließt, verändert sich. Irgendwann hält dich nichts mehr. Über den Augen kommen die Tränen. Über ungelebtes Leben. Verpasste Gelegenheiten. Verlorenen Mut. Über die Augen.

Ein Stein
36 Da sprachen die Leute: Siehe, wie hat er ihn so liebgehabt! 37 Einige aber unter ihnen sprachen: Er hat dem Blinden die Augen aufgetan; konnte er nicht auch machen, dass dieser nicht sterben musste? 38 Da ergrimmte Jesus abermals und kommt zum Grab. Es war aber eine Höhle, und ein Stein lag davor. 39 Jesus spricht: Hebt den Stein weg!

Ein Stein liegt auf meiner Brust. Blockiert mein Leben und mein Atmen. Ein Stein blockiert meinen Weg. Im Innen wie im Außen. Der Stein: Blockade,

Hindernis, Mauer. Schlussstein, Eckstein, Baustein, Nierenstein. Der Stein auf meiner Brust. Blockiert mein Leben. Hebt ihn weg! Den Stein.

Komm heraus!
39 Spricht zu ihm Marta, die Schwester des Verstorbenen: Herr, er stinkt schon; denn er liegt seit vier Tagen. 40 Jesus spricht zu ihr: Habe ich dir nicht gesagt: Wenn du glaubst, wirst du die Herrlichkeit G:ttes sehen? 41 Da hoben sie den Stein weg. Jesus aber hob seine Augen auf und sprach: Vater, ich danke dir, dass du mich erhört hast. 42 Ich wusste, dass du mich allezeit hörst; aber um des Volkes willen, das umhersteht, sagte ich's, damit sie glauben, dass du mich gesandt hast. 43 Als er das gesagt hatte, rief er mit lauter Stimme: Lazarus, komm heraus!

Komm heraus! Komm heraus aus deiner Gruft! Komm heraus aus deiner Hölle! Komm heraus aus deiner Versteinerung! Geh los! Trau dich! Vertraue ihm! Höre auf seine Stimme! Komm heraus! Sei nicht länger lebendig begraben. Sondern lebe!

Löst die Binden!
44 Und der Verstorbene kam heraus, gebunden mit Grabtüchern an Füßen und Händen, und sein Gesicht war verhüllt mit einem Schweißtuch. Jesus spricht zu ihnen: Löst die Binden und lasst ihn gehen!

Löst die Binden und lasst ihn gehen! Hin zu sich selbst. Hin zu seinem Leben. Hin zu seiner Liebe. Hin zu sich selbst. So, wie er ist. Ohne Binden. Ohne Fesseln. Ohne Masken. Ohne Grab. Löst die Binden und lasst ihn gehen. Lasst ihn sein eigenes Leben leben. Ohne Sünde. Ohne Hass und Gewalt. Ohne Scham. Ohne Verunsicherung. Löst die Binden und lasst ihn gehen! Lasst mich gehen. Lasst uns gehen. Und plötzlich gehst du. Wackelig. Ungläubig. Vorsichtig. Ohne Binden. Ohne Fesseln. Lazarus kommt heraus. Du kommst heraus. Du erlaubst dir zu gehen. Heraus aus der Gruft. Du erlaubst dir zu weinen, zu lachen, aufzustehen. Auferstehen, zu neuem Leben.

2.2 Resonanzen
Die Erzählung vom Begrabensein und Auferstehen traf viele mit Wucht. Es brauchte einige Zeit in Kleingruppen und im Plenum, um die verschiedenen Gefühle anzuhören und aufzufangen. Dafür hatte ich eine »Station am Grab« und eine »Auferstehungsstation vorm leeren Grab« in einem großen Plenarsaal eingerichtet. Die Stationen waren namentlich gekennzeichnet. Tücher, Kerzen, verschiedene Symbole und leere bunte Karten markierten darüber hinaus

die Orte. Die Teilnehmerinnen konnten Stichworte auf die Karten schreiben und sie zu den Stationen legen. In Kleingruppen an den beiden Stationen und an einer dritten Station »Dazwischen« konnten sie sich austauschen. Es waren intensive Gespräche. Bei der Station am Grab standen Stichworte wie »erstarrt«, »eingefroren«, »ohne Lebenslust«, »verschüttet«, »eingesperrt«, »unsichtbar«, »Gefühle vergraben«, »mundtot gemacht«, »Die Bibel tötet« und anderes. Bei der Auferstehungsstation standen Begriffe wie »endlich frei!«, »Coming-out«, »fröhlich«, »lebendig und queer«, »Ich trete aus der Kirche aus!«, »ohne Menschenverachtung und Diskriminierung!«, »Love is love!«, »nie wieder verstecken!«

Bei der Station »Dazwischen« standen Worte wie »Ich suche noch«, »Wo ist der Ausgang?«, »Darf ich wirklich so sein?«, »zwischen den Stühlen«, »Ich passe nirgends hin«, »Sehnsucht nach Zugehörigkeit!« und anderes. Die Karten legten wir in die Mitte auf Packpapier und gestalteten mit ihnen eine vielstimmige Collage. Danach konnte jede Teilnehmerin mit einzelnen Begriffen ein Gedicht, ein Gebet oder einen Klagepsalm formulieren. Zum Schluss trugen diejenigen, die wollten, ihre Texte vor. Es wurde eine berührende Performance. Eine queersensible und wertschätzende Momentaufnahme, die einige noch länger beschäftigte, wie ich aus danach folgenden Einzelgesprächen weiß.

Die seelsorgliche Predigt wurde in diesem Fall zum Impuls für eine pädagogisch geprägte Weiterbearbeitung. Wie auch im ersten Beispiel wurden die Beteiligten füreinander zu Seelsorger:innen auf Zeit. Kollegiale Beratung, mitfühlen und mitleiden aufgrund der eigenen Erfahrungen wurden zu Schlüsselmomenten für den gemeinsamen Austausch. Die Predigt setzte dafür etwas in Sprache, was bis dahin bei einigen sprachlos geblieben war.

3 »Zachäus und die Scham« – die Geschichte vom Zöllner queer erzählt

3.1 Predigt

Eine biblische Geschichte, in der Gefühle von Scham besonders deutlich werden, ist die Geschichte vom Zöllner Zachäus. Sie steht in Lukas 19,1–10. Auch für queere Menschen ist Scham ein bekanntes Thema. Ich habe sie als Predigtmeditation auf einer internationalen queeren Konferenz des Europäischen Forums christlicher LGBT+-Gruppen gehalten.[28]

---

28 Die Meditation ist inspiriert von Pfarrer Wielie Elhorst aus Amsterdam, der 2019 einen Workshop zum Thema »Zachäus« auf einer internationalen queeren Tagung gehalten hat. Zuerst veröffentlicht in: Söderblom (2021c).

Der Zöllner
Zachäus wurde von den Menschen aus seiner Stadt Jericho nicht respektiert. Denn er war Zöllner beziehungsweise Steuereintreiber. Ihm wurde nachgesagt, dass er aus seinem Beruf Vorteile zog und betrügerisch handelte. Als Jesus eines Tages nach Jericho kam, kletterte Zachäus auf einen Maulbeerbaum am Wegesrand und versteckte sich dort.

Im Bibeltext heißt es, dass er klein von Gestalt war. Vom Baum aus konnte er besser sehen. Für ihn war aber fast noch wichtiger: Er konnte so weder von den Bewohner:innen der Stadt noch von Jesus gesehen werden. Zachäus wusste, dass die Leute ihn nicht mochten. Wegen seines Berufs schämte er sich und sein Selbstwertgefühl war minimal. Er versteckte sich lieber und lebte ganz offensichtlich allein, ohne Wertschätzung und Anerkennung.

Scham und Minderwertigkeitsgefühle
Viele Lesben, Schwule, bisexuelle, trans*, inter* und queere Personen kennen dieses Gefühl. Anders als Zachäus haben sie per se keinen zweifelhaften Beruf oder auch nichts Verwerfliches getan. Dennoch schämen sich viele. Manchen ist es unangenehm, dass sie lesbisch, schwul, bisexuell oder trans* sind. Denn sexuelle Vielfalt und nichtbinäre Geschlechtsidentitäten sind gesellschaftlich und kirchlich immer noch umstritten oder schambesetzt. In zahlreichen religiösen Kreisen sind sie noch lange nicht anerkannt. Andere haben immer noch Angst zu zeigen, wen sie lieben oder mit welcher Geschlechtsidentität sie sich wohlfühlen. Sie kämpfen mit Scham und Minderwertigkeitsgefühlen. Genau wie Zachäus.

Sie erfahren jeden Tag, dass auf sie herabgeschaut wird, dass man sich über sie lustig macht oder sie sogar attackiert und ausgrenzt. Oft haben sie Mühe, sich selbst zu akzeptieren. Tief verinnerlichte Homo- oder Transfeindlichkeit sind weitverbreitete Herausforderungen und gerade für LSBTIQ+-Personen aus rechtsevangelikalen oder sehr frommen Familien ein großes Problem. Familien, Schulklassen, Peergroups oder berufliches Umfeld vermitteln vielen selbst im 21. Jahrhundert noch zu oft, dass sie irgendwie komisch oder seltsam sind und nicht wirklich dazugehören. Einige religiöse Gruppierungen nennen sie sündig oder verdammen sie sogar.

Jesus kommt!
Als Jesus vorbeikam, ging er direkt zu dem Maulbeerbaum hin, in dem Zachäus saß, schaute auf und sagte klar und deutlich: *»Zachäus, steig eilend herunter; denn ich muss heute in deinem Haus einkehren!« (Lukas 19,5b)*.

Jesus wollte noch am selben Tag in sein Haus kommen. Was für eine Ansage! Die Menschen in der Menge reagierten verärgert darauf. Wieso wollte Jesus denn ausgerechnet ins Haus von Zachäus gehen? Der war doch ein Sünder und Betrüger, ein Halsabschneider und ein schlechter Mensch! Ein Ärgernis für sie.

Staunen und Freude
Zachäus reagierte dagegen erstaunt und mit Freude auf die Einladung von Jesus. Mit neuem Schwung sprang er vom Baum herunter und rannte nach Hause. Er wollte alles für den Besuch von Jesus vorbereiten. Auffällig ist, dass Jesus von da an bis zum Ende der Geschichte nichts mehr sagte. Das Einzige, was Jesus zum Schluss sprach:
»Heute ist diesem Haus (von Zachäus, K.S.) Heil widerfahren, denn auch er ist ein Sohn Abrahams« (Lukas 19,9).

Verwandlung
Jesus sah Zachäus an und sprach ihn an. Das reichte aus, um Zachäus völlig zu verwandeln. Zachäus versteckte sich nicht mehr, sondern sprang vom Baum herunter und freute sich. Jesus veränderte sein Leben. Auch weil er sagte, dass er selbstverständlich dazugehörte. Und das alles, obwohl Zachäus unbeliebt war und er sich selbst als unwürdig ansah. Jesus rehabilitierte ihn vor allen Leuten, indem er ihn als »Sohn Abrahams« bezeichnete. Zachäus war auch ein Bürger Israels und Nachfahre Abrahams. Was man dazu wissen muss und was die Menschen damals selbstverständlich wussten: Abraham war der Urahne Israels und Empfänger von G:ttes Segen und seinen Verheißungen.

Zachäus gehört dazu!
Die Einwohner:innen von Jericho mochten das nicht. Sie empörten sich darüber. Sie tuschelten hinter seinem Rücken. Aber sie kritisierten Jesus nicht laut. Sie hielten ihn auch nicht davon ab, zu Zachäus zu gehen. Und Jesus ließ sich nicht abhalten. Er machte seinerseits klar: Egal, was Zachäus gemacht oder nicht gemacht hatte. Zachäus hatte sich nie außerhalb des Bundes von G:tt mit seinem Volk Israel befunden. Zachäus hatte einen unpopulären Beruf, und er war nicht beliebt. Aber er gehörte dazu, wie alle anderen auch. Daher sollte er sich nicht länger schämen.

Heute in einer queeren Wohngemeinschaft
Es wäre eine spannende Frage, was passieren würde, wenn Jesus heute in die Wohngemeinschaft von einigen LSBTIQ+-Leuten zu Besuch kommen würde. Ich stelle mir das so vor: Die Leute drum herum wären empört.

Wieso geht der Jesus denn ausgerechnet zu diesen komischen Mannweibern, Schwuchteln und Transen? Was will er denn da? Die haben es doch gar nicht verdient. Er könnte doch stattdessen zu uns kommen!

In der queeren Wohngemeinschaft wäre dagegen Hochbetrieb: Sie würden aufräumen, Musik anmachen, etwas Leckeres zu essen kochen und einige Flaschen Wein und Bier kaltstellen. Sie wären aufgeregt. Denn der Besuch von so einer bedeutsamen Persönlichkeit würde ihnen deutlich zeigen: Wir fühlen uns zwar manchmal minderwertig und beschämt, weil viele uns für seltsam oder sogar für krank halten. Aber wir sind genauso viel wert wie alle anderen auch. Dieser Jesus sieht uns an, wie wir sind, und akzeptiert uns. Jesus besucht uns, will mit uns essen und reden. Wow! Wie cool ist das denn?! Wir sind vor Jesus weder zweitklassig noch krank oder pervers. Das muss gefeiert werden!

Ansehen und anerkennen
Trotz aller Widrigkeiten rehabilitierte Jesus den Zachäus und stellte klar, dass auch er ein Sohn Abrahams war. Die Mahlgemeinschaft Jesu mit Zachäus gab ihm die Chance, sich gesehen zu fühlen. Er spürte Wertschätzung. Einfach, weil Jesus da war. Es half ihm, seine Scham hinter sich zu lassen und sein Leben zu verändern, innerlich vor sich selbst und äußerlich vor und mit den anderen. Zachäus wurde von Jesus gesehen und anerkannt. Das war für ihn eine ganz neue und damit lebensverändernde Erfahrung. Er versprach daraufhin, Geschädigten Geld zu spenden und für finanzielle Übervorteilungen aufzukommen.

Stärkung für Körper, Geist und Seele
Erfahrungen von Respekt und Anerkennung können auch für queere Menschen lebensverändernd und befreiend sein. Natürlich dauert es je nach Lebensgeschichte lange, Scham und Verunsicherung hinter sich zu lassen. Und es dauert noch länger, im Laufe der Zeit stolz zu sein auf das eigene Leben und sich selbst zu akzeptieren. Für manche ist es eine lebenslange Herausforderung. Andere brauchen dafür kontinuierliche therapeutische Begleitung.

Was aber sicher ist: Wenn Menschen gesehen, ernst genommen und anerkannt werden, dann stärkt es das Selbstwertgefühl. Jesus bezeichnete dies als Heil für das Haus von Zachäus. Und er hatte recht: Gesehen und akzeptiert werden, ist heilsam. Klar, es gibt keine Garantie und auch keinen Zaubertrank dafür. Aber es hilft, Scham und Unsicherheit abzubauen, und stärkt Körper, Geist und Seele.

3.2 Resonanzen

Mithilfe von Leitfragen unterhielten wir uns im Anschluss an den Predigtimpuls über Lebenssituationen, in denen die Beteiligten schon einmal allein, ausgegrenzt oder beschämt waren. Ganz verschiedene Erfahrungen wurden genannt und erzählt. Im Anschluss daran beschäftigten wir uns mit der Frage, wie die jeweiligen Geschichten weitergingen. Gab es Menschen, die trotzdem da waren oder dazukamen, die sie ernst nahmen, ohne sie zu bewerten? Gab es einen »Jesus-Moment«, in dem sie angesprochen wurden, obwohl die anderen es nicht wollten? Konnten sie ihre Geschichte erzählen und jemand hörte ihnen zu? In Kleingruppen tauschten sich die Teilnehmenden über ihre Erfahrungen aus. Sie brachten danach kleine Beispiele ins Plenum mit, wie sie aus einsamen und/oder beschämenden Situationen wieder herausgekommen waren und wer ihnen dabei geholfen hatte. Diese Form des Austausches auf der Grundlage der biblischen Geschichte aktivierte das Bewusstsein über persönliche Potenziale und über Menschen, die trotz Fremdheitserfahrungen da waren und da blieben. Die Leute aus der Gruppe handelten achtsam und rücksichtsvoll und wurden dadurch zu queersensiblen Wegbegleiter:innen. Auch das kann niedrigschwellige queersensible Seelsorge sein.

4 Vom Verlieren und Wiederfinden – die Geschichte vom verlorenen Sohn queer erzählt

4.1 Predigt

Menschen sehnen sich nach Frieden und Versöhnung. Die Wirklichkeit sieht aber oft ganz anders aus. Umso stärker wirkt es, wenn Versöhnung gelingt. Eine biblische Geschichte erzählt davon: die Geschichte vom verlorenen Sohn. Sie steht in Lukas 15,11–32. Die transidente Autorin Jo Clifford hat mir die Geschichte vor einiger Zeit aus ihrer Sicht erzählt (vgl. Clifford 2019, S. 16–18). Aufgeschrieben habe ich die Geschichte erstmals für eine Morgenansprache im Radio beim SWR 1 im Dezember 2021 (Söderblom 2021b).

Weggehen und sich selbst finden.
Ein Vater hatte zwei Söhne. Irgendwann hat einer der beiden Söhne gewusst, dass er eigentlich eine Tochter ist. Deshalb ist er zum Vater gegangen, hat ihn um Vergebung gebeten und erklärt, dass er nicht mehr länger sein Sohn sein konnte. Aber der Vater konnte das nicht akzeptieren. Er hat seinen Sohn, der eigentlich eine Tochter war, aus dem Haus geworfen. Die Tochter ist weit weg gegangen in ein anderes Land. Dort hat sie sich ins Leben geworfen und jedes Abenteuer mitgenommen. Aber sie hatte kein Glück: Bald hatte sie kein Geld mehr und landete auf der Straße. Sie fand Arbeit in einer Hotelküche. Es war eine anstrengende und dreckige Arbeit und sie bekam kaum Geld dafür. Oft dachte sie, dass sie dort schlechter behandelt wurde, als ihr Vater seine Tiere behandelte. So gab sie sich schließlich einen Ruck und entschied, nach Hause zurückzukehren. Sie nahm sich vor, ihren Vater um Ent-

schuldigung zu bitten. Da sie nicht mehr sein Sohn sein konnte, war es vielleicht möglich, als Magd für ihn im Stall zu arbeiten.

Wiederkommen und versöhnen
Aber dann kam alles ganz anders. Als der Vater sie kommen sah, rannte er ihr entgegen und schloss sie in seine Arme. Er hatte sie so vermisst. Und er hatte verstanden: Sie blieb ja sein Kind. Seine Tochter sollte sich baden und saubere Kleider anziehen. Und es sollte ein großes Fest gefeiert werden.

Als das Fest schon in vollem Gang war, kam der ältere Sohn aus dem Büro zurück. Als er hörte, was los war, wurde er wütend: *»Ich war immer ein guter und gehorsamer Sohn zu dir«, sagte er. »Und was habe ich von dir dafür bekommen? Aber wenn dieser Perverse nach Hause kommt, bekommt er alles. Das ist nicht gerecht!«*

Da erwiderte der Vater:

»Es ist wahr, dass du immer ein guter Sohn warst. Dafür danke ich dir. Aber mein anderer Sohn hatte sein Leben verloren und sich nach langer Reise selbst wiedergefunden. Und nun habe auch ich sie als Tochter wiedergefunden. Das ist ein Grund zum Feiern!« Und genau das taten sie.

4.2 Resonanzen

Ich bekam auf den Radiozuspruch zahlreiche Rückmeldungen per E-Mail. Einige Personen schrieben mir sehr ablehnende Zeilen. Sie waren empört, wie ich die biblische Geschichte nur so verhunzen konnte. Andere Rückmeldungen hatten einen positiven oder dankbaren Tenor. Es waren Eltern transidenter Jugendlicher, nichtbinäre und trans* Personen, die sich bei mir bedankten und unterstrichen, wie wohltuend es war, einmal eine biblische Geschichte aus einer queeren Sicht erzählt zu bekommen. Sie betonten, dass sie noch nie darüber nachgedacht hatten, die Geschichte aus einer trans* Perspektive zu betrachten und zu erzählen. Einige von ihnen fühlten sich ermutigt, biblische Geschichten häufiger aus queerer Sicht zu betrachten, und fragten mich nach Literatur dazu. Eine queersensible Bibelhermeneutik kann queere Menschen ermutigen, ihren eigenen Weg zu gehen.

5 »Out of the Box!« – jenseits von Schubladen queer erzählt

5.1 Predigt

Die Predigtmeditation habe ich für einen Gottesdienst bei einem Treffen des Mentoring-Programms für queere und christliche Aktivist:innen aus Osteuropa im Jahr 2018 in Tiflis in Georgien geschrieben.[29] Es war ein Programm des Euro-

---

29 Die Predigtmeditation veröffentlichte ich als Teil eines Blogbeitrags in: Söderblom (2020a, S. 235 f.).

päischen Forums christlicher LSBT+-Gruppen, das zwanzig queere Christ:innen aus unterschiedlichen europäischen Ländern für zwei Jahre in Tandems zusammenbrachte. Die gesamte Gruppe traf sich in der Zeit dreimal. Ein Gottesdienst und tägliche Andachten gehörten zum Programm. Die biblische Textgrundlage steht in Exodus 3,14.

Schubladen
Ich befinde mich in verschiedenen Schubladen: größere, kleinere, hohe, tiefe, mit Ecken und Kanten. Einige mit Öffnungen, andere total verschlossen, ohne Luft und ohne Lichteinfall. Schubladen überall.

Wer bin ich?
Eine Frau, Tochter, Schwester, Tante, Partnerin, eine Freundin, die eine Frau liebt.
Eine Sucherin, eine zweifelnde Gläubige, eine glaubende Zweiflerin, eine queere Pfarrerin, Seelsorgerin, professionelle Theologin, leidenschaftliche Aktivistin, eine Deutsche, Sportliebhaberin, Genießerin, über fünfzig …
Was sagen all diese Etiketten und Begriffe über mich? Ich weiß es nicht.

Druck
Aber was ich weiß: Ich fühle Druck, Erwartungen, ein riesiges Gewicht, das auf meinen Schultern liegt. Ich versuche, Schubladen und Einteilungen gerecht zu werden. Ich versuche, Erwartungen zu erfüllen. Und ich fühle mich unzureichend, erschöpft, klein und nicht passend. Ich passe nicht rein.

Ich bin da!
Und als Mose den brennenden Busch in der Wüste sah, fragte er G:tt:
»Was soll ich den Menschen in Israel sagen, wer Du bist?«

Und G:tt antwortete:
»Ich bin, wer ich bin! Ich bin da und rede mit dir. Ich bleibe bei dir und segne dich. Ich bin bei dir, egal ob du es merkst oder nicht. Ich werde dich aus Sklaverei und Unterdrückung in Ägypten und anderswo führen. Ich bin anwesend und abwesend. Ich bin hier und dort, nah und fern, verständlich und spürbar, unverfügbar und jenseits menschlicher Logik. Ich bin die Kraft der Liebe und der Befreiung. Ich bin jenseits von Kategorien, Schubladen und menschlichen Vorstellungen.«

Und G:tt sprach weiter:
»Und ich sage dir: Du bist in meinem Bild gemacht.
Mein Kind, von mir geschaffen und gesegnet.

Ich bin, wer ich bin, jenseits von Schubladen und Etiketten.
Und du bist, wer du bist, jenseits von Schubladen und Etiketten.
Würdig, einzigartig und gesegnet. Jede:r Einzelne.
Ohne in Schubladen passen zu müssen, ohne Erwartungen erfüllen zu müssen.
Sei einfach, wer du bist, und sei auf dem Weg. Denn es ist eine lebenslange Reise.«

Und G:tt fuhr fort:
»Geh und erzähle es den Menschen in Israel und darüber hinaus.
Ich bin, wer ich bin. Und du bist, wer du bist.
Ein Kind G:ttes, wunderbar gemacht,
berufen, zu lieben
und aufgerufen, Hass, Unterdrückung und Gewalt hinter dir zu lassen,
ermutigt, deine eigenen Talente und Leidenschaften zu finden, durch meine Liebe gestärkt. Damit du dich selbst und deine Nächsten lieben kannst.
Und nun geh in Frieden und lass die Schubladen zurück!«

5.2 Resonanzen

Am Tag vor dem Gottesdienst hatten wir uns mit Normen, Kategorien und Schubladen beschäftigt, in denen sich queere Gläubige befinden. Je nach Herkunft, Kontext, Konfession und Frömmigkeitsmilieu sammelten wir ganz unterschiedliche Begriffe und Schubladen. Wir notierten diese Begriffe auf Kartons und bauten sie zu einer Mauer auf: Sie symbolisierte Mauern im Kopf, Mauern im Herzen, Mauern im gesellschaftlichen und kirchlichen Umfeld. Nach dem Gottesdienst am nächsten Tag machten wir laute Musik an: »I am what I am« von Amanda Lear. Dabei nahmen wir die Kartons von der Mauer, warfen sie uns gegenseitig zu, spielten damit, warfen sie weg und holten sie wieder her. Am Ende war die Mauer weg und die Kartons waren zu bunten durchlässigen Gebilden geworden, die nichts Bedrohliches mehr hatten, die aber noch da waren. Mit diesen Gebilden arbeiteten wir anschließend weiter und fragten uns, was queere Menschen brauchen, damit sie die Mauern aus Erwartungen und Normen im eigenen Kopf und um sich herum abbauen können. Zuspruch im Glauben waren Ressourcen und queerfreundliche Gottesdienste und Gebete ebenso.

Wieder wurden die Beteiligten füreinander zu Seelsorger:innen. Sie hörten sich zu, signalisierten Verständnis und Mitgefühl, sammelten Ideen und Strategien. Die Predigt gab lediglich den Impuls für stärkende kollegiale Beratung und Seelsorge auf dem Weg.

6 »Du sollst ein Segen sein!« – vom Segen queer erzählt

6.1 Predigt

Segnen heißt im Lateinischen »benedicere«: Gutes sagen, Ja sagen, Wohlbefinden oder Gutes wünschen. Segen betrifft das ganze Leben mit Verstand, Herz und Hand, also mit der gesamten Existenz. Die Geschichte von Abraham und Sara in Genesis 12,2b handelt davon. Sie ist in der kontroversen Debatte um die Segnung gleichgeschlechtlicher Paare immer noch aktuell. Ich hielt diese Predigt in einer Morgenandacht der Evangelischen Hochschulgemeinde in Mainz.

»Ich will dich segnen!«
Mit diesem Segenszuspruch sprach G:tt den unsicheren Abraham an. G:tt ermutigte ihn, seine Heimat zu verlassen und Neues zu wagen. Dabei versprach G:tt:
»Ich will dich segnen!«
Abraham hörte G:tt zu und ließ sich davon berühren. Der Zuspruch ließ ihn nicht mehr los. Er erzählte seiner Frau Sara davon. Gemeinsam wagten sie es, sich auf G:ttes Stimme einzulassen. Sie entschieden sich, G:tt zu vertrauen.

Aufbruch
Und so gingen sie bewusst die nächsten Schritte. Zunächst mussten sie sich verabschieden. Denn sie ließen ihr bisheriges Leben zurück: ihre Heimat, Verwandtschaft, Nachbarschaft, das Haus ihrer Eltern, ihre Kultur, Sprache und ihr gesamtes soziales Umfeld. Alles, was ihnen bisher Halt und Schutz gegeben hatte und was sie bis dahin gekannt hatten.

G:tt rief Abraham und Sara aus ihrer bisherigen Existenz aus Ur in Chaldäa im Zweistromland zwischen Euphrat und Tigris in etwas Neues, Unbekanntes. Sie wussten nicht, was auf sie zukommen würde. Sie hatten keine Versicherungspolice und keinen Kompass dabei. Und sie hatten keine Sicherheit, dass alles gut gehen und sie gesund ankommen würden in ... ja wo eigentlich?

Sie hatten nur eine einzige Brücke zwischen Vertrautem und Neuem. Es waren die Worte, die Abraham von G:tt gehört hatte. Ich will dich segnen. Ich will euch segnen und mit euch eure Sippe. Es wird euch gut gehen und ihr werdet Land und Nachkommen haben. So versprach es G:tt im ersten Buch Mose (Genesis 12,1–3).

Abschiedsschmerz und Hoffnung
Über diese Brücke gingen sie los. Mit Trauer und Sorge, Unsicherheit und Hoffnung im Gepäck. Wie würde es werden auf dem Weg durch die Wüste? Würden sie gesund bleiben? Würden sie Nahrung finden und Gefahren überleben?

G:ttes Segen war eng mit ihrem Abschiedsschmerz verbunden. Aber sie wagten es trotzdem. Sie packten ihre Zelte, ihre Viehherde und was sie sonst noch hatten, zusammen und brachen auf. Vielleicht gab es vorher noch ein Abschiedsfest. Vielleicht verließen sie ihr Haus aber auch in einer Nacht-und-Nebel-Aktion. So oder so. Sie öffneten sich für den Segen, den G:tt ihnen versprochen hatte. Sie hätten die Aufforderung auch ablehnen können. Sie hätten in der Geborgenheit der Familie, in der Sicherheit der Sippe und bei den bekannten religiösen Traditionen bleiben können. Doch sie entschieden sich dafür, aufzubrechen und dem Neuen entgegenzugehen. In ihren Herzen klang G:ttes Zuspruch:

»*Ich will dich segnen …!*«

Sie gingen dafür weit über ihre Komfortzone hinaus in die Freiheit, in die G:tt sie rief. Da gab es Zeiten, in denen sie verunsichert waren, in denen sie zauderten, stöhnten, klagten und nicht sahen, wann, wie und wo sie bloß irgendwann ankommen sollten. Sie machten Fehler, verliefen sich, hatten Hunger und Durst und verfluchten mehr als einmal, dass sie losgegangen waren.

Zuspruch
Aber G:ttes Zuspruch war größer als ihr Zweifel. Mit jedem Schritt gingen sie tiefer hinein in die Beziehung mit G:tt und seiner lebendigen Segenskraft. Schließlich kamen sie tatsächlich in Kanaan an und bauten sich dort eine neue Existenz auf. Sie bekamen Nachkommen, und es ging ihnen gut. G:ttes Segen ging von ihnen über auf ihre Nachkommen und schließlich auf alle Völker der Erde.

G:ttes Schalom
Segen ist G:ttes Geschenk an die Menschen. G:tt spricht den Menschen damit die Fülle des Lebens zu: G:ttes Schalom. Das heißt: Frieden, Gemeinschaft und Wohlbefinden als ganzheitliche und kollektive Lebensgrundlage.

In der biblischen Geschichte ist es aber entscheidend, dass der Segen G:ttes an Abraham und Sara einen zweiten Teil hat:

»*…. und du sollst ein Segen sein!*«

Ich will dich segnen und du sollst ein Segen sein, so heißt es. Oder einfach: Werde ein Segen! Ein Segen sein, ein Segen werden, da geht es um die gesamte Existenz. Es geht ums Empfangen und ums Weitergeben. Und es geht ums Tun. Verantwortlich und fürsorglich handeln in Gemeinschaft, Partnerschaft und für sich selbst. Menschen wird der Segen von G:tt geschenkt, um ihn weitergeben zu können. Damit ist Segnen an kein bestimmtes Amt gebunden, sondern an alltägliches Tun.

Kein Segen zweiter Klasse
Denn G:ttes Segen gehört den Menschen nicht. Folglich können und dürfen sie ihn nicht missbrauchen, um die einen abzusegnen und den anderen Segen zu verweigern, so, wie es die Glaubenskongregation des Vatikans gegenüber gleichgeschlechtlichen Paaren im März 2021 getan hat. Und es gibt auch keinen Segen zweiter Klasse.

Segen ist vollumfänglich Zuspruch und Geschenk G:ttes an die Menschen. Ob und wie G:ttes Segen wirkt, liegt nicht in menschlicher Hand. Menschen können aber im Vertrauen auf die Wirksamkeit des Segens diesen empfangen und an andere weitergeben.

#LiebeGewinnt
Insofern war die Aktion in zahlreichen katholischen Gemeinden #LiebeGewinnt am 10. Mai 2021 ein großartiges kirchenpolitisches und theologisches Zeichen, das von nun an wohl jedes Jahr wiederholt wird. Aber vor allen Dingen war es auch ein zutiefst menschliches. In über einhundert katholischen Kirchen in Deutschland wurden damals Segnungsgottesdienste gefeiert. Ich war im Segnungsgottesdienst der Katholischen Hochschulgemeinde (KHG) in Mainz dabei. Einzelne und Paare wurden gesegnet, unabhängig von Familienstand, sexueller Orientierung und Geschlechtsidentität. Uns wurde Gutes gewünscht: körperlich, geistig, seelisch. Das hat allen gutgetan.

Es war ein eindrückliches Zeichen gegen die Aussage der Glaubenskongregation, dass gleichgeschlechtliche Paare nicht gesegnet werden dürfen. Denn G:ttes Segen ist unverfügbar. Er gehört weder den Kardinälen noch den Bischöfen oder Priestern. Das Subjekt jeder Segenshandlung ist G:tt selbst.

Segen erhalten und zum Segen werden
Gestärkt durch G:ttes Segen können Menschen aktiv dafür sorgen, dass sie selbst zum Segen für andere werden. Wie Menschen Segen weitergeben, ist dabei vielfältig: liebevolle Gedanken über einen Menschen. Die Hand auf den Kopf oder auf die Schulter legen und ein freundliches Wort sprechen. Eine segnende Geste, ein Segenswunsch. Ein Segenswort kann Menschen heute genauso wie damals Abraham und Sara ermutigen und stärken. Und das ist so wichtig, wenn es darum geht, aufzubrechen und Neues zu wagen.

So möge G:ttes Segen mit uns allen sein! Amen.

6.2 Resonanzen

Nach der Morgenandacht backen wir mit vorher vorbereitetem Teig in der Evangelischen Hochschulgemeinde gemeinsam Pancakes, trinken Kaffee und Tee und tauschen uns aus. An dem Morgen sprachen wir noch länger über das Thema »Segen«. Einige Studierende waren beim Segensgottesdienst der KHG ebenfalls dabei gewesen und berichteten, wie schön es war, dass alle gesegnet wurden, egal, in welcher Beziehungsform sie lebten. Das habe ihnen gutgetan. Andere stimmten zu und betonten, dass es für sie wichtig war, zu hören, dass der Segen für Menschen nicht verfügbar ist, sondern von G:tt kommt und Menschen ihn weitergeben. Sie waren erleichtert, dass Segen keine Waffe gegen Menschen sei, sondern ein Zuspruch, um Menschen Wohlergehen und Gutes zu wünschen. Das wollten sie in Zukunft erinnern und selbst tun. Die Kraft des Segens war für alle Anwesenden bedeutsam. Mit der Geschichte von Abraham und Sara konnten sie diese Kraft nun auch biblisch besser herleiten und verstehen. Zum Abschluss der Runde bekräftigte eine Studentin noch einmal, dass es wichtig sei, dass alle gesegnet werden und nicht nur einige. Diese Erkenntnis war an dem Morgen entscheidend für die Gruppe, die nach dem Frühstück fröhlich und an Leib und Seele gestärkt auseinanderging.

7 »Jakob, Rahel, Lea & Co.« – Familienstreit im Hause Jakob queer erzählt

7.1 Predigt

Die Predigt habe ich am 11.11.2020 in der Hochschulgemeinde in Mainz im Rahmen des Semestereröffnungsgottesdienstes zum Semesterthema »We are Family« gehalten. In dem Gottesdienst wurde ich auch als Hochschulpfarrerin in die ESG in Mainz eingeführt. Die biblische Textgrundlage steht in Genesis 25–48.

I
Hey Jakob, deine Familie war kompliziert, von Anfang an.
Dein Problem war der Segen, mit dem alles begann.
Vater Isaak und Bruder Esau hast du ausgetrickst,
Mit Fell auf der Haut und mit Mutter Rebekka habt ihr sie verflixt
Gut betrogen, aber das Ganze hatte seinen Preis.
Du musstest verschwinden, da hattest du den Sch… (eiß).

Refrain
Familie, Familie, was heißt das schon?
Jede Erfahrung gibt dem Wort 'nen anderen Ton.

Leute sind verheiratet, geschieden, verwitwet, allein,
mit und ohne Kinder, lesbisch schwul, bunt, queer, weit weg und daheim.
Egal, wie Familien leben, G:tt ist dabei.
Fürsorge und Respekt sind wichtig, sonst ist's vorbei.

II
In Kanaan nahm dich dein Onkel Laban auf.
Du arbeitetest hart und warst gar nicht gut drauf.
Du verliebtest dich in Rahel. Nach sieben Jahren wolltet ihr euch trauen.
Aber Laban erklärte: Erst musst du die Lea heiraten,
sie war die ältere der beiden Frauen.
Noch einmal sieben Jahre später durftest du auch Rahel küssen.
Die Zeit dazwischen war ein Sehnen und hart arbeiten müssen.

III
12 Jungen hast du mit vier Frauen gezeugt.
Polygame Verhältnisse waren das, dein Haupt war gebeugt.
Mädchen hast du sicher auch bekommen.
Die zählten aber wenig, weiß ich heute beklommen.
Daneben gab es Mägde und Diener, Herden von Schafen und Ziegen.
dein Hausstand war groß und kaum zu besiegen.

Refrain
Familie, Familie, was heißt das schon?
Jede Erfahrung gibt dem Wort 'nen anderen Ton.
Leute sind verheiratet, geschieden, verwitwet, allein,
mit und ohne Kinder, lesbisch schwul, bunt, queer, weit weg und daheim.
Egal wie Familien leben, G:tt ist dabei.
Fürsorge und Respekt sind wichtig, sonst ist's vorbei.

IV
Dann brachst du wieder auf in deine Heimat, der Weg war weit.
Und du wusstest, du würdest Esau wieder treffen, der Betrug tat dir leid.
Am Ufer des Jabbok rangst du in der Nacht mit G:tt.
Du brauchtest seinen Segen in deiner großen Not.
Erst danach konntest du Esau wieder begegnen.
Du hattest Angst vor ihm, daher sollte G:tt dich segnen.

V
So kam es am nächsten Tag, ihr habt euch versöhnt.
Esau vergab dir, er hat dich nicht verhöhnt.
Du hattest deine Großfamilie, mit vier Frauen, zwölf Söhnen, Herden und Vieh.
Sag bloß nicht, deine Familie galt als Vorbild, auf keinen Fall, nie!
Von den Söhnen war Josef dein Liebling, du zeigtest es klar heraus.
Die andern Söhne waren neidisch, das ging nicht gut aus.
Josef erzählte Geschichten, er träumte und sang,
die anderen arbeiteten auf dem Feld und ihr Neid erklang.

Refrain
Familie, Familie, was heißt das schon?
Jede Erfahrung gibt dem Wort 'nen anderen Ton.
Leute sind verheiratet, geschieden, verwitwet, allein,
mit und ohne Kinder, lesbisch schwul, bunt, queer, weit weg und daheim.
Egal wie Familien leben, G:tt ist dabei.
Fürsorge und Respekt sind wichtig, sonst ist's vorbei.

VI
Nur Josef schenktest du ein besonderes Kleid.
Das schürte Hass unter den Brüdern und ihren Neid.
Josef trug das Kleid mit Stolz und Genuss,
die anderen sahen ihm zu mit wachsendem Verdruss.
Dann träumte Josef Träume von unerhörtem Gehalt.
Er war stets der Chef und alle anderen machten Halt
vor ihm und verneigten sich,
klar, dass die anderen wütend waren, und sie besprachen sich.

VII
Eines Tages auf dem Feld war es dann so weit,
die Brüder schnappten Josef, warfen ihn in den Brunnen, niemand sah ihn weit und breit.
Sie verkauften ihn schließlich an einen Kaufmann einer Karawane.
Dem Vater sagten sie, dass Josef tot sei, er trauerte, der Arme.

Refrain
Familie, Familie, was heißt das schon?
Jede Erfahrung gibt dem Wort 'nen anderen Ton.
Leute sind verheiratet, geschieden, verwitwet, allein,

mit und ohne Kinder, lesbisch schwul, bunt, queer, weit weg und daheim.
Egal wie Familien leben, G:tt ist dabei.
Fürsorge und Respekt sind wichtig, sonst ist's vorbei.

VIII
Hey Jakob, deine Familie war kompliziert von Anfang an.
Nun war dein Sohn Josef mit den Problemen dran.
In Ägypten wurde er ins Verlies gesteckt.
Denn bei der Frau des Potifar hielt er sich bedeckt.
Er war anders als die anderen, er wollte nicht betrügen.
Er wollte beobachten und träumen und nicht all diese Lügen.

IX
Im Gefängnis hatte er so manche Träume zu deuten.
Das sprach sich herum – auch unter Pharaos Leuten.
Er wurde gerufen, den Pharao zu beraten.
Da waren sie tatsächlich an den Richtigen geraten.
Josef riet zur Vorratswirtschaft, das sollte sie bewahren.
Denn sieben Jahre Hunger kamen nach sieben fetten Jahren.
Josef hatte den Pharao weise beraten.
Der Pharao schmückte sich später mit seinen Zitaten.

Refrain
Familie, Familie, was heißt das schon?
Jede Erfahrung gibt dem Wort 'nen anderen Ton.
Leute sind verheiratet, geschieden, verwitwet, allein,
mit und ohne Kinder, lesbisch schwul, bunt, queer, weit weg und daheim.
Egal wie Familien leben, G:tt ist dabei.
Fürsorge und Respekt sind wichtig, sonst ist's vorbei.

X
So wurde aus dem Gefangenen der zweite Mann im Staat.
Und seine Brüder gerieten an Josef, da hatten sie den Salat.
Sie waren wegen Hungersnot von Israel nach Ägypten gekommen.
Sie waren schockiert und von der Not noch ganz benommen.
Sie erkannten Josef nicht, zu lang war es her.
Josef erkannte seine Brüder sofort, für ihn war's nicht schwer.

XI
Er freute sich trotz allem sie wieder zu sehen.
Er fragte nach dem jüngsten Bruder Benjamin und ließ sie wieder gehen.
Mit Benjamin und Vater Jakob kamen sie zurück.
Sie bekamen Verpflegung und sie hatten Glück,
dass Josef sich mit ihnen versöhnen wollte
und kein Hass und keine Rache über sie rollte.

Refrain
Familie, Familie, was heißt das schon?
Jede Erfahrung gibt dem Wort 'nen anderen Ton.
Leute sind verheiratet, geschieden, verwitwet, allein,
mit und ohne Kinder, lesbisch schwul, bunt, queer, weit weg und daheim.
Egal wie Familien leben, G:tt ist dabei.
Fürsorge und Respekt sind wichtig, sonst ist's vorbei.

XII
So vereinte sich die Familie in Ägypten wieder.
Sie feierten Versöhnung und sangen alte Lieder.
Die Familie von Jakob, Rahel, Lea und Co.
Sie war kompliziert, zerstritten und ohne Flow.
Doch Josef hatte den Hass überlebt.
Er war klug und anders und sehr bestrebt.
Als Mann nicht typisch männlich zu handeln.
Stattdessen lief er im Kleid herum und konnte verhandeln.
Trotz allen Gefahren lag auf Josef G:ttes Segen.
Wegen einer List hatte den auch sein Vater gehabt – auf all seinen Wegen.

XIII
Die Familie von Jakob, Rahel, Lea und Co.
Sie blieb kompliziert, und sagen wir's so:
Die Geschichte zeigt, was bis heute stimmt:
Familien sind vielfältig und diverser, als die Norm sie trimmt.
Schon in der Bibel waren sie ein bunter Haufen.
Es lohnt sich nicht, vor der Erkenntnis wegzulaufen.
So sag ich es zum Schluss ein letztes Mal,
alle sollten es nun wissen, ganz ohne Qual:

Refrain
Familie, Familie, was heißt das schon?
Jede Erfahrung gibt dem Wort 'nen anderen Ton.
Leute sind verheiratet, geschieden, verwitwet, allein,
mit und ohne Kinder, lesbisch schwul, bunt, queer, weit weg und daheim.
Egal wie Familien leben, G:tt ist dabei.
Fürsorge und Respekt sind wichtig, sonst ist's vorbei. Amen

7.2 Resonanzen

Nach dem Gottesdienst durften wir hygienekonform noch Sekt miteinander trinken und draußen beim hell leuchtenden Martinsfeuer in einer Feuerschale miteinander reden. Es kamen einige Studierende auf mich zu und bedankten sich für die Predigt. Manche von ihnen wollten gern eine schriftliche Version der Predigt haben, um den Text noch einmal nachlesen zu können.

»*Es tat so gut zu hören, dass in der Bibel auch schon alles bunt und vielfältig zuging und nicht so einheitlich, wie der Pfarrer in meiner Heimatgemeinde es uns immer wieder gepredigt hat!*«, sagte ein Student.

Eine andere: »*Da war ja wirklich was los bei Jakob, Rahel und den anderen. Das könnte auch heute noch in einer Soap Opera stattfinden. Wusste gar nicht, dass in der Bibel solche Geschichten drinstehen!*«

»*Ja, die sind viel moderner, als ich dachte*«, sagte eine dritte.

Beim zweiten Sektglas angekommen meinten einige, dass es aber auch drauf ankomme, wer die Geschichten wie liest und erzählt. Sonst hörte man meistens eher ganz andere Interpretationen. Mit einem Schmunzeln betonten sie, dass es schön sei, dass in der evangelischen Hochschulgemeinde queere Perspektiven in der Predigt Platz hätten.

8 Schlussfolgerungen

Wenn queersensibel seelsorglich gepredigt wird, entstehen Deutungsangebote, die ungewöhnlich sind. Da werden biblische Geschichten auf queere Lebensgeschichten bezogen und biblische Geschichten werden queer gelesen, sodass sie relevant werden für queere und gleichzeitig christliche Gläubige und auch für andere. Anders als in Seelsorgegesprächen können queersensible Predigtimpulse Sinnangebote anbieten, die nicht direkt kommentiert oder besprochen werden müssen. Die Zuhörenden oder Nachlesenden dürfen den Inhalt erst einmal sacken lassen und verdauen. Haben sie noch Fragen, Kommentare oder andere Reaktionen? Dann können sie der Predigerin noch einmal schreiben oder auf anderen Kanälen nachfragen. In queersensiblen seelsorglichen Predigten werden Brücken zwischen biblischen Texten und lebensgeschichtlichen Kontexten gebaut und aus queerer Sicht beleuchtet. Narrative Texte und biografisches Storytelling eignen sich für diese Art von Predigten genauso gut wie Meditationen, Gedichte oder Poetry-Beiträge. Einige Beispiele dafür habe ich in diesem Kapitel angeführt. Wenn nach den Gottesdiensten oder Andachten noch Zeit ist für Nachgespräche oder Werkstattarbeit in Kleingruppen, können die Impulse noch besser nachwirken. Der vertrauliche Austausch mit anderen und/oder mit der Predigerin erweitert die Resonanzräume und spielt weitere Reaktionen und Kommentare ein. Sie beziehen sich meist auf Alltagserfahrungen und Lebenszusammenhänge der Anwesenden. Die Beteiligten werden dadurch füreinander und miteinander zu queersensiblen Wegbegleiter:innen und Seelsorger:innen.

Lebensgeschichten und Glaubensgeschichten können sich dadurch gegenseitig beleuchten und deuten und werden neu in Szene gesetzt. Diese Form der zwischen Text und Kontext oszillierenden Deutungsarbeit ist für queersensible Seelsorge fruchtbar. Denn sie bezieht die Perspektiven und Stimmen derjenigen mit ein, die die Themen aus eigener Anschauung kennen oder dazu etwas zu sagen haben. Dadurch entstehen bei den Beteiligten Teilhabe, Mitgefühl und Solidarität auf Augenhöhe. Und es wird ein inhaltlicher und theologischer Mehrwert geschaffen, der auch seelsorglich bedeutsam ist.

DEUTEN

VIII Queersensible Pastoraltheologie der Vielfalt

1 Queersensible Seelsorge – Anforderungen an die Person der Seelsorger:in

Die vorliegenden Fallbeispiele und ihre Auswertung zeigen, dass die Person der Seelsorger:in entscheidender Resonanzkörper für eine queersensible seelsorgliche Begleitung ist. Wenn Seelsorger:innen einfühlsam und offen für queere Themen sind, drückt sich das in ihren Einstellungen, Haltungen und in ihrem Tun aus. Respekt, Verständnis und Offenheit für besondere Herausforderungen von queeren Personen ermöglichen es, eine queerfreundliche Atmosphäre zu schaffen. Dadurch können vertrauliche Begegnungsräume gestaltet und angeboten werden, in denen Leid, Schmerz und konflikthafte Erfahrungen genauso Platz finden wie Lebensfreude, Hoffnung und Sehnsucht nach persönlicher Veränderung.

Queere Seelsorger:innen haben den Vorteil, queere Themen und Herausforderungen aus eigener Anschauung zu kennen. Sie begegnen queeren Seelsorgesuchenden daher zumeist mit Sympathie und besonderem Einfühlungsvermögen. Damit ermöglichen sie es queeren Seelsorgesuchenden, sich zu öffnen und Vertrauen aufzubauen, um ihre Anliegen besprechbar und damit auch bearbeitbar zu machen. Queere Seelsorger:innen können auf diese Weise helfen, Brücken zu bauen, um Abgründe in der komplizierten Beziehung zwischen christlich und queer hinter sich zu lassen. Der Hinweis auf Glaubwürdigkeit und Street Credibility spielte bereits bei den ersten fallnahen Erkenntnissen in diesem Buch eine wichtige Rolle.

Seelsorge sollte immer queersensibel sein
Queerfreundliche Seelsorger:innen können aber auch heterosexuell und cisgeschlechtlich (siehe Glossar) leben und professionelle seelsorgliche Unterstützung bieten. Denn grundsätzlich sollte jede Seelsorgehandlung queersensibel

sein. Das heißt, Seelsorger:innen sollten immer damit rechnen, dass Seelsorgesuchende eine queere sexuelle Orientierung oder Geschlechtsidentität leben oder Fragen zu queeren Themen mitbringen.

Entscheidend ist eine professionelle Haltung, mit der die Seelsorgesuchenden vorbehaltlos so anerkannt werden, wie sie sind. Erst danach gilt es, die stets schwingende Hin-und-her-Bewegung zwischen den Beteiligten im Seelsorgegespräch aufmerksam zu gestalten und genau hinzuhören, was das Anliegen der Seelsorgesuchenden ist.

In jedem Fall geht es für queerfreundliche Seelsorger:innen darum, Nähe und Distanz, Einfühlungsvermögen und Rollenreflexion, Verständnis und neugieriges Nachfragen in der Balance zu halten. Dies gilt selbstverständlich nicht nur für queere Themen, ist dort aber in besonderer Weise wichtig. Insofern ist eine bestimmte Form der Selbstoffenbarung, also eine angemessene Offenheit und Ehrlichkeit der Seelsorger:innen im Hinblick auf ihre eigenen Erfahrungen zu den Themen, hilfreich. Daher ist die regelmäßige Reflexion der eigenen Rolle und der persönlichen Überzeugungen im Hinblick auf queere Themen notwendig.

Selbstreflexion

Seelsorger:innen sollten sich ihrer eigenen Vorurteile und Vorbehalte gegenüber queeren Personen bewusst sein. Und sie sind sich darüber im Klaren, dass persönliche Schmerz- und Triggerpunkte, Übertragungen und Projektionen ihre Seelsorgearbeit beeinflussen können.

Darüber hinaus erkennen queersensible Seelsorger:innen, dass queere Personen ein erhöhtes Risiko mit sich tragen, aufgrund von Ausgrenzung und anderen Diskriminierungserfahrungen Minderheitenstress zu erleiden. Sie wissen, dass Berufskarrieren oftmals mit Erfahrungen von Doppelleben, gläsernen Karrieredecken und sozialem Abseits einhergehen. Sie sind sich darüber im Klaren, dass LSBTIQ+-Personen gerade in kirchlichen Bereichen häufig Ausgrenzungs- und Abwertungserfahrungen gemacht haben und daher misstrauisch auf kirchliche Angebote reagieren. Sie bedenken, dass Minderheitenstress anfälliger macht für Suchtmittelkonsum, Selbsthass und/oder autoaggressives Verhalten.

Insofern bedeutet queersensible Seelsorge, dass Seelsorger:innen sich Informationen zu diesen Themen aneignen und eine persönliche und inhaltliche Position dazu finden. Sie überprüfen Haltung und Verhalten regelmäßig in Supervision und kollegialer Beratung. Dadurch kann eine queersensible Seelsorgearbeit im Laufe der Zeit vertieft und gestärkt werden.

2 Queersensible Seelsorge – Lebensdeutung im Lichte biblischer Geschichten

In allen Fallbeispielen war es wichtig, dass die Seelsorgesuchenden kleinere oder größere Ausschnitte aus ihrer Lebensgeschichte erzählen konnten. Damit konnten sie ihre persönliche Sichtweise auf ihr Leben ausdrücken. Sie erlebten, dass ihnen zugehört und ihre Sicht nicht abgewertet wurde.

Im Seelsorgegespräch ist lebensgeschichtliche Arbeit ein zentraler Baustein (vgl. Weiß 2011, S. 50–54). Denn jede Lebensgeschichte ist einzigartig, unverwechselbar und identitätsstiftend. Sie beinhaltet alles, was Menschen erlebt, erlitten und in ihrem Körper und in ihrer Seele eingespeichert haben. Gleichzeitig ist die erzählte Lebensgeschichte ein Deutungssystem, mit dem sich Menschen anderen gegenüber mitteilen und im besten Fall Sinnzusammenhänge herstellen. Queere Personen erleben oftmals aber genau das Gegenteil. Wenn sie von ihren Erfahrungen und Sehnsüchten im Hinblick auf Liebesbeziehungen, Sexualität oder Geschlechtsidentität erzählen, erleben sie vielerorts Abwehr, Unverständnis oder Befremden. Andere reagieren verunsichert oder aggressiv. Dadurch wird verhindert, dass queere Menschen Verständnis und Anteilnahme erfahren, wenn sie etwas Intimes von sich erzählen. Das führt dazu, dass viele von ihnen überhaupt nichts mehr von sich berichten oder untereinander öffentliche und geheime Codierungen nutzen und/oder ein Doppelleben führen.

Wenn queersensible Seelsorger:innen mit Interesse und Anteilnahme zuhören, während queere Menschen aus ihrem Leben erzählen, kann Vertrauen wachsen. Wenn Menschen sich ernst genommen fühlen, können im Gespräch neue Sinn- und Deutungszusammenhänge entstehen. Insofern ist queersensible Seelsorge stets auch respektvolle Bearbeitung der Lebensgeschichte queerer Menschen. Szenen aus der Lebensgeschichte werden erzählt, rote Fäden werden gesponnen und Sinnzusammenhänge gesucht und gefunden. Das sind lebensnotwendige biografische Handlungen – nicht nur für queere Personen.

Wenn sich Menschen respektiert und angenommen fühlen, trauen sie sich auch, Verletzungen, Leid und Enttäuschungen anzusprechen. Tränen können fließen und verhärtete Gefühle können sich lösen. Leiderfahrungen und Schmerzen wollen gehört und verstanden werden. Dann können sie sich früher oder später vielleicht verflüssigen und in neue Erfahrungen einfließen. Dabei können biblische Texte, Gebete oder Psalmworte als Angebot eine wichtige Rolle spielen.

Queersensible Seelsorge im Kontext von Kasualien und Predigten

Die Fallbeispiele in Kapitel VI haben gezeigt, dass begleitende queersensible Seelsorge im Kontext von Kasualien bedeutsam ist. Wenn Segensgottesdienste für gleichgeschlechtliche Paare, Namensfeste für trans* und nichtbinäre Personen oder Trauerfeiern für queere Personen vorbereitet und durchgeführt werden, sind Bruchstücke der Lebensgeschichte und deren Deutung wichtige Bestandteile der pastoralen Begleitung. Auch die Fallbeispiele aus Kapitel III haben gezeigt, dass es hilfreich ist, wenn persönliche Herausforderungen und Krisen auf biblische Geschichten bezogen werden können. Tatsächlich kann es für gläubige oder religiös interessierte queere Menschen enorm wertvoll sein, wenn sie Themen ihrer Lebensgeschichte in biblischen Geschichten wiedererkennen. Die Resonanzen auf die queere Re-Lektüre biblischer Texte in meinen Fallbeispielen zeigen dies eindrücklich. Queersensible Bibelarbeiten unterstreichen, dass Menschen bereits in biblischen Zeiten trotz ganz verschiedener Lebensumstände und Kontexte mit G:tt gerungen haben und dabei erfuhren, dass G:tt gerade in Krisenzeiten und an den Bruchstellen des Lebens da war und bei den Menschen geblieben ist. Wer bisher in kirchlichen oder religiösen Kreisen vor allem Abwertung und Androhung von Hölle und Verdammnis erlebt hat, wird G:ttes biblischen Zuspruch dankbar hören. Die Erlaubnis, diesen auf die eigene Lebensgeschichte zu beziehen, ist für viele komplett neu. Biblische Geschichten, die Menschen nicht mit missionarischem Eifer übergestülpt, sondern als Deutungshilfe angeboten werden, können Horizonte erweitern und neue Perspektiven eröffnen. In diesem Sinne kann eine queere Bibelhermeneutik zu einem zentralen Kraftort queersensibler Seelsorge werden. Im Kapitel VII konnte ich dazu konkrete Aha-Momente beschreiben, die in Kleingruppen und Nachgesprächen nach queersensiblen Predigten ausgetauscht und diskutiert wurden.

Dafür ist es hilfreich, wenn Seelsorger:innen eine Auswahl an biblischen Geschichten kennen, die aus queerer Sicht erzählbar sind. Genauso wichtig ist es, die Inhalte der »Clobber Passages« zu kennen und zu kontextualisieren. Der Bedarf nach Einordnung und Erklärung biblischer Texte ist nach wie vor hoch, wie einige der Fallbeispiele gezeigt haben.

3 Queersensible Seelsorge – wechselseitiges Beziehungsgeschehen

Beziehung ist eine Grunddimension des Lebens. Menschen sind auf sie angewiesen. Viele queere Menschen haben im Laufe ihres Lebens allerdings erlebt, dass Beziehungen abgebrochen wurden, wenn sie sich als queer geoutet haben. Insofern ist es eine zentrale seelsorgliche Aufgabe, Beziehungsarbeit respektvoll und auf Augenhöhe zu gestalten. Die Menschen werden angenommen, so, wie sie sind, unabhängig von Hautfarbe, Herkunft, körperlicher Verfasstheit, sexueller Orientierung oder Geschlechtsidentität. Im vertrauensvollen Gesprächsraum werden respektvolle Beziehungen exemplarisch eingeübt. Anhand von Rollenspielen und Übungsgesprächen werden sie für Situationen im Alltag vorweggenommen. Queersensible Seelsorgegespräche ermöglichen im geschützten Raum, den eigenen Selbstwert wieder zu spüren und dafür probehalber Haltungen einzunehmen und Gefühle auszusprechen, die dann hoffentlich auch außerhalb des Seelsorgegesprächs zur Verfügung stehen. Dafür ist ein angstfreies und vertrauliches Miteinander notwendig, das nur behutsam aufgebaut werden kann. Geschützte Räume, Seelsorgegeheimnis und Verschwiegenheit sind gerade in der queersensiblen Seelsorge zentrale Grundpfeiler, um Vertrauen im Gespräch zu stärken und Offenheit zu fördern.

Aber nicht jedes Seelsorgegespräch gelingt. Missverständnisse, atmosphärische Störungen, unklare Absprachen, inhaltliche oder auch nonverbale Faktoren können eine konstruktive Seelsorgebeziehung verhindern oder unterbrechen. Auch eine queersensible Haltung kann das nicht immer verhindern.

4 Queersensible Seelsorge – wertschätzende Ressourcenorientierung

Queere Seelsorgesuchende werden uneingeschränkt und ohne Vorleistung als Ebenbilder G:ttes angesehen, wie alle anderen Ratsuchenden auch. Ihre Würde wird respektiert und nicht infrage gestellt. Das bedeutet: Im Seelsorgegespräch wird das Anliegen des Gegenübers offen und aufmerksam angehört und gemeinsam geklärt, worum es gehen soll. Zeit, Ort und Rahmen der Beratungsgespräche werden abgesprochen und geschützt. Und auch die Grenzen eines Seelsorgegesprächs werden geklärt. Ratsuchende mit starken psychischen Problemen oder Traumata-Erfahrungen werden zu Psychotherapeut:innen oder zu entsprechenden Fachberatungsstellen weitervermittelt. Trans* Personen mit medizinischen, juristischen und psychologischen Fragen brauchen professionelle Unterstützung mit entsprechendem Fachwissen. Dafür braucht es Kenntnis der verschiedenen Beratungsangebote in der Region, gute Vernetzung mit der queeren Community und eine vertrauliche Zusammenarbeit, wenn sie sinnvoll erscheint.

Handlungsrezepte werden im Seelsorgegespräch nicht an die Hand gegeben. Stattdessen begleiten Seelsorger:innen einen Beratungsprozess, in dem sich die Ratsuchenden ihrer persönlichen Fähigkeiten vergewissern und besprechen können, wie nächste Schritte aussehen könnten. Es werden also zunächst einmal die üblichen Qualitätsstandards für verantwortlich geführte Seelsorge- und Beratungsgespräche eingehalten.

Ressourcen und Potenziale der Seelsorgesuchenden werden für die Reflexion und Veränderungsbemühungen der jeweiligen Lebenssituation genutzt. Es geht darum, die Ratsuchenden zu stärken und zu ermutigen, dass sie ihre persönlichen Fähigkeiten aktivieren und ihr Queersein nicht als Defizit oder Makel ansehen. In den Fallbeispielen wurde deutlich, wie befreiend es für die Beteiligten war, dass ihr Queersein als Potenzial angesehen wurde, das spezifische Herausforderungen mit sich bringt, aber eben auch Chancen und Möglichkeiten.

Wer sich auf diese Anforderungen einlässt, wird für queere Seelsorgesuchende wertvolle Schutzräume anbieten können. Damit werden für manche queere Personen vielleicht erstmals ermutigende und stärkende Erfahrungen im kirchlichen Kontext ermöglicht.

Eine queersensible Seelsorge- und Beratungsarbeit leistet daher einen wichtigen Beitrag zur Ressourcenorientierung bei queeren Menschen, die sich gerade im kirchlichen Kontext oft noch als minderwertig und nicht gleichberechtigt erleben.

5 Queersensible Seelsorge – Sprachschule für Selbstwert und gesellschaftliches Handeln

»Ich finde einfach keine Worte für das, was ich fühle und erlebt habe.
Das ist wie ein großer leerer Raum, in den ich nicht reinkomme!« (J.)

Queersensible Seelsorge kann als Sprachschule für befreiende Bilder, Symbole und Worte angesehen werden. Sie hilft dabei, dass Erlebnisse ohne Angst und Scham erzählt werden können und in einem sicheren Resonanzraum Gefühle wie Schmerz, Trauer oder Verzweiflung gezeigt werden dürfen. Dafür sind Mitgefühl (Com-Passion) und Solidarität der Seelsorger:innen wichtig. Sie setzen Augenhöhe voraus, statt durch Mitleid Asymmetrien oder Verobjektivierung herzustellen (vgl. Kremer 2016, S. 183 f.).

Symbolische Gesten, stärkende Rituale und Segnungshandlungen können auf nonverbaler Ebene Erfahrungsräume öffnen und zur Deutung von konkreten Verletzungen und schwierigen Lebensthemen beitragen.

Queersensible Seelsorge verknüpft leidvolle Lebenserfahrungen aber auch mit gesellschaftlichen Entwicklungen und strukturellen Herausforderungen. Dadurch werden persönliche Leiderfahrungen in einen größeren Kontext eingeordnet und nicht mehr als persönliches Versagen bewertet. Queersensible Seelsorge hilft in diesem Sinne, diskriminierende Haltungen, Werte, Normen und Zuschreibungen zu erkennen und zu analysieren. Queere Menschen können dadurch Worte finden, ihre persönliche Situation im Kontext gesellschaftspolitischer Bedingungen zu sehen und zu analysieren. Sie werden dadurch ermächtigt und gestärkt, ihre Alltagserfahrungen nicht als persönliches Scheitern zu begreifen, sondern als Beispiele für Homo- und Transfeindlichkeit oder gruppenbezogene Menschenfeindlichkeit. Insofern ist queersensible Seelsorge auch prophetische Seelsorge. Ihr Ziel ist es, Unrecht und Diskriminierung zu beenden und gesellschaftspolitische Transformation zu ermöglichen, die Gerechtigkeit und Gleichberechtigung für alle garantiert.

Dafür ist es hilfreich, wenn queersensible Seelsorge von anderen queersensiblen Angeboten flankiert wird. Dazu können queertheologische Andachten, CSD-Gottesdienste, queere Bibelarbeiten, Segensgottesdienste und Trauungen für gleichgeschlechtliche Paare, Namensfeste für trans* Personen, Angebote für Regenbogenfamilien und queere Geflüchtete und andere queersensible Veranstaltungen gehören.

Auch die Zusammenarbeit mit queeren Selbsthilfegruppen, anderen queersensiblen Einrichtungen, politischen Gruppierungen und Nichtregierungsorganisationen ist bedeutsam. Nur so können Probleme und Herausforderungen queerer Menschen nicht nur auf der persönlichen, sondern auch auf der gesellschaftspolitischen Ebene bearbeitet und ihre rechtliche Situation verbessert werden.

Unverfügbarkeit und Grenzen

Eine queersensible Sprachschule hat aber auch Grenzen. Seelsorgespräche bleiben in ihrem Verlauf und in ihrer Wirkung offen. Nicht in jeder Situation passt eine biblische Geschichte oder ein Gebet. Nicht für jedes Thema können angemessene Worte, Gesten oder Symbole gefunden werden. Scheitern und nicht gelingende Gespräche gehören zum Seelsorgealltag dazu. Seelsorger:innen müssen das aushalten und damit weiterarbeiten können. Sie leben selbst in der Hoffnung, dass ihr Tun und Lassen stärkend und hilfreich sind. Garantien gibt es dafür keine. Die Wirkung der Seelsorge ist unverfügbar. Sie wird getrost der Heiligen Geistkraft überlassen.

Eine weitere Hürde ist die Grenze der eigenen Professionalität. Bei stark traumatisierten oder psychisch belasteten Personen handeln Seelsorger:innen dann professionell, wenn sie die Personen an therapeutische Fachleute, spezialisierte Beratungseinrichtungen oder Trauma-Spezialist:innen weitervermitteln, ohne sie damit alleinzulassen.

Queersensible Seelsorge kann dabei als eine Art Notfallseelsorge oder Krisenintervention zwischen dem Anhören des Anliegens und der Überweisung an Spezialist:innen fungieren. Dabei ist die Verhaltensweise der Seelsorger:innen direktiver und strukturierter als im offenen Seelsorgegespräch. Es werden bei Bedarf klare Anweisungen gegeben. Rahmen und Regeln werden vorgegeben und eine Überweisungsadresse zu entsprechendem Fachpersonal wird an die Hand gegeben (vgl. Kremer 2016).

Ein anderer Bereich, der Grenzen für eine queersensible Seelsorge beinhaltet, sind spezifische Fragen hinsichtlich Transidentität und Intergeschlechtlichkeit. Trans* Personen brauchen medizinische, juristische und psychologische Beratung und Begleitung, die spezifisches Fachwissen erfordern. Die Deutsche Gesellschaft für Transidentität und Intersexualität (dgti*) oder ähnliche Beratungseinrichtungen sind hier wichtige Kooperationsnetzwerke.[30] Queersensible Seelsorge kann religiöse Fragen oder Sinnfragen begleiten, nicht aber juristisches und medizinisches Fachwissen oder therapeutische Beratungsarbeit ersetzen.

6 Queersensible Seelsorge – innovativer Motor für gastfreundliche und inklusive Gemeinden

Wahrnehmen, zuhören und nicht bewerten sind Schlüsselkompetenzen nicht nur für Seelsorger:innen, sondern insgesamt für gastfreundliche und inklusive Gemeinden. Es wird nicht darauf zurückgegriffen, wie es schon immer gemacht wurde. Denn es gibt kaum Selbstverständlichkeiten im queeren Kontext. Menschen und Sachverhalte werden nicht in Schubladen gesteckt. Stattdessen wird Besonderes und Überraschendes mit neugierigen und offenen Sinnen gefördert. Die Aktiven bleiben auch nicht hinter Kirchentüren stehen, sondern gehen raus in ihre Alltagswelten und begegnen anderen. Und sie erleben dabei: Glaube, Religiosität, Queersein und Engagement für Gleichberechtigung widersprechen sich nicht. Im Gegenteil, sie gehören zusammen.[31] Neue Wege können ausprobiert werden. Es bleibt Platz für Kreativität und für Experimentelles (vgl. dazu Hartmann/Knieling 2016, hier insbes. S. 200–207). So werden queere Menschen als Subjekte und Expert:innen ihrer Lebensgeschichten angesehen und nicht nur als Objekte von Therapie und Sozialarbeit. Das ist ein entscheidender Perspektivwechsel (vgl. Söderblom 2020a, S. 146f.).

Ich bin überzeugt davon, dass der Umgang mit queeren und anderen Minderheiten ein Lackmustest ist für die Frage, wie Kirche mit denen umgeht, die aus irgendeinem Grund anders sind, und ob lebendige und inklusive Teilhabe im kirchlichen Kontext gelingen kann. Die wichtigste Erfahrung dabei ist die: Wenn Menschen innerhalb und außerhalb von Kirche auf Augenhöhe zusammenkommen und sich respektieren, haben sie Spaß zusammen. Sie lachen und weinen, erzählen und hören zu, beten und klagen, loben, trauern und feiern. Sie bilden Erzählgemeinschaften und teilen Energie und Hoffnung auf Veränderung. Und sie erleben: Du bist nicht allein! Geht es in der Kirche nicht genau darum?

---

30 Vgl. »Auswahl an Netzwerken, Einrichtungen und Beratungsstellen« am Ende dieses Buchs.
31 Von dieser Erfahrung berichtet Nadia Bolz-Weber in ihrer Gemeinde der »All Sinners and Saints« (vgl. Bolz-Weber 2016).

7 Queersensible Pastoraltheologie der Vielfalt – lebenszugewandt, kreativ und transformativ

Aus queertheologischer Perspektive ist es notwendig, seelsorgliche und pastoraltheologische Diskurse mithilfe verschiedener Vielfaltsdimensionen und ihrer intersektionalen Verknüpfungen zu grundieren, um die Pluralität der Lebenswelten der Seelsorgesuchenden angemessen reflektieren zu können. Bei solchen multisystemischen Analyseperspektiven wurden bisher die Dimensionen von Heteronormativität und binärer Geschlechtsidentitäten allerdings zumeist ausgelassen oder nur geringfügig berücksichtigt. Insofern bieten queersensible Forschungsperspektiven in der Pastoraltheologie eine Tiefenschärfe an, die diese komplexen Anforderungen aufnimmt und vertieft. Queersensible theologische Ansätze machen darauf aufmerksam, dass sich die Folgen von Heteronormativität und binärer Geschlechtsidentitäten in den Lebensgeschichten queerer Menschen zeigen. Sie kämpfen mit Vorbehalten und Vorurteilen und schlagen sich mit religiös legitimierten Ansichten herum, die sie als defizitär oder sündig ansehen. All diese Themen tauchen in Seelsorgegesprächen auf. Es ist nötig, diese Themen pastoraltheologisch weiter zu reflektieren und zu bearbeiten.

Solche Formen von Analyse, Rekonstruktion und veränderter Praxis in der Pastoraltheologie bilden dabei ein prozesshaftes Geschehen ab. Es ist in Bewegung und bleibt unabgeschlossen. Insofern sind solche Verfahren nicht nur rekonstruktiv und reflexiv, sondern auch produktiv auf Veränderung und innovative Umsetzung ausgerichtet.

Auf diese Weise sind Wahrnehmungs- und Analyseprozesse bereits ein produktiver Teil der Weiterentwicklung von Ansätzen einer queersensiblen Pastoraltheologie der Vielfalt. Ihr Gewinn: Sie haben die Vielfalt des Lebens im Blick. Sie versprachlichen diverse Geschlechtsidentitäten und pluralisierte Lebenswelten und Lebensformen, die in Seelsorgegesprächen Thema sind. Sie geben Impulse für die Persönlichkeitsentwicklung, für Zusammenleben und für verantwortliches Handeln jenseits heteronormativer und binärer Ordnungen. Schließlich werden andere Differenzen im Hinblick auf Herkunft, Hautfarbe, Alter, Kultur, körperliche Verfassung und Religion nicht eingeebnet, sondern durch das Nachdenken über den Umgang mit Fremdheit und Differenz insgesamt produktiv in theologische und pastoraltheologische Reflexionsprozesse und Debatten eingetragen.

Queersensible Wissens- und Fortbildungskultur

Ansätze queerer Theologien reflektieren unterschiedliche Lebensformen und Geschlechtsidentitäten in Bezug auf theologische und seelsorgliche Themen.

Erkenntnisse daraus können gemeinsam mit allen anderen Dimensionen von Vielfalt auf ihre intersektionalen Zusammenhänge hin analysiert und für eine inklusive pastoraltheologische Arbeit durchbuchstabiert werden. Dadurch entsteht eine Wissens- und Fortbildungskultur, die die Diversität der Seelsorger:innen und anderen kirchlichen Mitarbeitenden genauso wahrnimmt und achtet wie die der Seelsorgesuchenden. Sie hat zum Ziel, für die Lebenssituation von LSBTIQ+-Personen zu sensibilisieren. Diskriminierungen werden sichtbar und ihre Mechanismen methodisch erfahrbar gemacht. Dafür müssste ein Curriculum erarbeitet werden, um im Rahmen von Seelsorgefortbildungen konkrete Module und Workshoptage zu diskriminierungsfreier und queersensibler Seelsorge- und Beratungsarbeit anzubieten.

Eine queersensible Wissens- und Fortbildungskultur ist Präventionsarbeit. Sie beugt physischer und psychischer Gewalt aufgrund von Vorurteilen vor und macht gesellschaftliche Vielfalt sichtbar. Es werden Kompetenzen für ein Engagement gegen gruppenbezogene Menschenfeindlichkeit vermittelt. Und Menschen wird Mut gemacht für einen selbstbewussten Umgang mit ihrer sexuellen Orientierung und geschlechtlichen Identität.

Darüber hinaus zeigen Aspekte queerer Theologien auf, dass Gerechtigkeitssensibilität und Einfühlungsvermögen gegenüber sexuellen und anderen Minderheiten notwendig sind. Gleichzeitig laden sie ein zu Differenzsensibilität und Ambiguitätstoleranz. Denn Menschen sind unterschiedlich und bewegen sich in ganz verschiedenen Lebenswelten, Kontexten und Wertegefügen, die alle gehört und ernst genommen werden wollen und die kontrovers diskutiert werden. Voraussetzung dafür ist, dass Differenzen nicht gegeneinander ausgespielt oder vereinheitlicht werden, sondern ausgehalten oder sogar begrüßt werden.

In diesem Sinne leistet die Berücksichtigung queertheologischer Themen einen unverzichtbaren Beitrag für eine queersensible Pastoraltheologie der Vielfalt. Ihre Erkenntnisse sollten in die theologische Ausbildung genauso verpflichtend integriert werden wie in die Fort- und Weiterbildungsarbeit von Seelsorge. Denn Theologie und Kirchen sollten nicht nur Teil des Problems sein, sondern Teil der Lösung werden.

Glossar

Hinweis: Bei den *kursiv gesetzten* Begriffen verwende ich die Erklärungen des Lesben- und Schwulenverbands Deutschland (LSVD) in seiner Broschüre zum Selbstbestimmungsgesetz von trans* Personen (LSVD 2022).

CIS
Der Begriff »cis«, kurz für »cisgender« oder »cisgeschlechtlich«, bezeichnet alle Personen, die sich mit dem Geschlecht identifizieren, das ihnen bei der Geburt zugeschrieben wurde.

COMING-OUT
Als »Coming-out« wird der selbstbestimmte Prozess beschrieben, anderen von der eigenen sexuellen Orientierung oder geschlechtlichen Identität zu erzählen. Es kann zwischen innerem Coming-out, also dem Sich-bewusst-Werden, sowie äußerem Coming-out, das heißt Kommunikation der Identität mit anderen, unterschieden werden.

DISKRIMINIERUNG
Diskriminierung ist die Benachteiligung einer Person oder Gruppe auf Basis einzelner Merkmale. Diskriminierung findet in allen gesellschaftlichen Bereichen statt. Diskriminierende Ausgrenzung und Benachteiligung ist in vielen Fällen über Jahrzehnte und Jahrhunderte entstanden. Rechtlichen Schutz vor Diskriminierung sollen das Allgemeine Gleichbehandlungsgesetz (AGG) und Artikel 3 des Grundgesetzes bieten.

DIVERS
Sammelbegriff für alle, die ihre Geschlechtsidentität nicht als männlich oder weiblich empfinden und leben.

DOPPELPUNKT
Markiert eine Schreibweise, die Personen verschiedenen Geschlechts inklusiv zu nennen (z. B.: Pfarrer:innen). Sie ist eine andere Schreibweise des Gendersternchens, die barrierefrei ist, da sie auch von sehbehinderten Menschen gelesen und dargestellt werden kann. Ich benutze diese Schreibweise des Doppelpunkts.

GENDERSTERNCHEN*
Platzhalter für Menschen, die mit einer nichtbinären Geschlechtsidentität leben

(z. B. trans* oder inter*). Es markiert außerdem eine Schreibweise, die Personen verschiedenen Geschlechts inklusiv zu nennen (z. B. Pfarrer*innen).

GESCHLECHTLICHE IDENTITÄT/GESCHLECHTSIDENTITÄT
Die geschlechtliche Identität beschreibt das Geschlecht, zu dem eine Person tiefe Zugehörigkeit empfindet. Dieses kann von dem nach der Geburt eingetragenen Geschlecht abweichen oder auch mit ihm übereinstimmen.

GESCHLECHTSEINTRAG/PERSONENSTAND
Im Personenstandsregister wird nach der Geburt das zugeschriebene Geschlecht des Kindes eingetragen. Dieser Geschlechtseintrag (weiblich, männlich, divers oder offen) kann über den § 45b des Personenstandsgesetzes beziehungsweise das TSG geändert werden.

G:TT
Bezeichnung für Gott. Sie verdeutlicht, dass der Gottesname im Hebräischen nicht ausgesprochen wird und die Vokale im G:ttesnamen nicht geschrieben werden. Die Schreibweise markiert, dass sich G:tt jenseits aller menschlichen Ordnungssysteme und Zuschreibungen befindet und sich allen Kategorisierungen entzieht. Ich benutze diese Schreibweise.

HOMOFEINDLICHKEIT
Als Homofeindlichkeit werden Vorurteile, Hass und Gewalt gegen Lesben, Schwule und bisexuelle Personen bezeichnet. Dieser Begriff ersetzt »Homophobie«, um klarzumachen, dass es sich nicht um eine irrationale Angst, sondern um diskriminierende Einstellungen, Verhaltensweisen und Strukturen handelt.

INTER*
Als inter* oder intergeschlechtlich werden Personen bezeichnet, die mit Körpern geboren wurden, die nicht beziehungsweise nur teilweise den gängigen Vorstellungen von »männlichen« oder »weiblichen« Körpern entsprechen. Inter* Menschen können sich wie alle Menschen als »männlich«, »weiblich«, »trans*«, »nichtbinär« oder auch ausschließlich als »inter*« identifizieren.

LSBTIQ+
Lesben, Schwule, Bisexuelle, Trans*-, Inter*-, Queer-Personen. Das Plus zeigt weitere nicht benannte Formen von Begehren, (Nicht-)Sexualitäten und Geschlechtsidentitäten an.

NICHTBINÄR/NICHTBINARITÄT
»Nichtbinär« ist ein Überbegriff, der Menschen beschreibt, die sich jenseits, außerhalb oder zwischen den angenommenen binären Geschlechtern (weiblich und männlich) verorten. Manche nichtbinäre Personen verstehen sich auch als trans*, andere wiederum als ausschließlich nichtbinär.

QUEER
Queer ist ein englisches Schimpfwort für Lesben, Schwule, Bisexuelle, Trans*, und Inter* (LSBTI*) Personen. Queer heißt wörtlich auf Deutsch so viel wie »seltsam, verdreht, schräg, pervers, verrückt«. Seit den 1980er Jahren wurde das Schimpfwort von LSBTI*-Personen in eine kreative und performative Ressource umgewandelt und wird seitdem als Selbstbeschreibung genutzt. Der Begriff »queer« liefert auf der Theorieebene einen kritischen Analysebegriff gegenüber heteronormativen Sexualitäten und binär reglementierten Geschlechtsidentitäten. Queer wird darüber hinaus oft als übergeordneter Sammelbegriff für LSBTI*-Personen verwendet.

SELBSTBESTIMMUNGSGESETZ
Durch die Verabschiedung eines Selbstbestimmungsgesetzes könnten trans*, inter* und nichtbinäre Personen den Vornamen und Geschlechtseintrag durch eine Erklärung vor dem Standesamt ändern.

*TRANS**
»Trans*« ist ein Überbegriff für alle Menschen, die sich nicht oder nur teilweise mit dem Geschlecht identifizieren, das ihnen bei der Geburt zugewiesen wurde. Dazu gehören z. B. Personen, die sich als transgender, transgeschlechtlich, transsexuell oder transident verorten. Auch viele nichtbinäre Personen können sich mit dem Begriff »trans*« identifizieren.

*TRANS*FEINDLICHKEIT*
Als Trans*feindlichkeit werden Vorurteile, Hass und Gewalt gegen trans* Personen bezeichnet. Dieser Begriff ersetzt »Transphobie«, um klarzumachen, dass es sich nicht um eine irrationale Angst, sondern um diskriminierende Einstellungen, Verhaltensweisen und Strukturen handelt.

*TRANS*GESCHLECHTLICHKEIT*
Wenn das Identitätsgeschlecht einer Person von dem Geschlecht, das nach der Geburt eingetragen wurde, abweicht, wird von »Trans*geschlechtlichkeit« oder »Transidentität« gesprochen. Diese Begriffe ersetzen pathologisierende Fremd-

bezeichnungen wie »Transsexualität« oder »Transsexualismus« und machen zudem deutlich, dass es um die geschlechtliche Identität und nicht um die sexuelle Orientierung geht.

TRANSITION
Nach einem inneren Coming-out beginnen viele trans* Personen einen Prozess der Transition. Dabei nähern sie sich durch die Wahl eines neuen Vornamens oder einer neuen Anrede (soziale Transition), durch die amtliche Änderung des Vornamens und Geschlechtseintrags (rechtliche Transition) oder durch Hormontherapie und Operationen (medizinische Transition) dem Leben in einer neuen geschlechtlichen Rolle an. Es ist eine individuelle Entscheidung, ob und in welcher Reihenfolge diese Schritte unternommen werden.

TSG
Das »Transsexuellengesetz« (TSG) von 1980 regelt den Prozess der Vornamens- und Personenstandsänderung bei trans* Personen. Das Gesetz steht seit Jahrzehnten in der Kritik, weil es Grundrechte verletzt. Im Jahr 2022 ist die Einführung eines Selbstbestimmungsgesetzes auf den Weg gebracht worden. (Eckpunkte zum Selbstbestimmungsgesetz vom Bundesministerium für Familie, Senioren, Frauen und Jugend in Zusammenarbeit mit dem Bundesministerium der Justiz liegen seit Juni 2022 vor.)

(Selbst-)Reflexionsfragen für eine queersensible Seelsorge[32]

1. Persönlich

- Welche Geschlechterrollenbilder sind für mein Leben prägend und wie nehme ich mich als weiblich, männlich, nichtbinär oder divers wahr?
- Bin ich mir im Klaren darüber, dass Seelsorgesuchende nicht heterosexuell und/oder nichtbinär sein können?
- Mit welchen Pronomen möchte ich angesprochen werden?
- Frage ich Seelsorgesuchende danach, mit welchen Pronomen sie angeredet werden möchten?

---

32 Weitere Reflexionsfragen und Leitlinien zu queersensiblen Haltungen und Verhaltensweisen (kulturell, strukturell, praktisch) insbesondere in Schule und Religionspädagogik finden sich in Pithan/Söderblom/Uppenkamp (2019).

- Welche Vorstellungen von weiblich, männlich und divers sind für mich positiv besetzt und welche negativ?
- Setze ich mich mit meinen eigenen Vorurteilen, Vorbehalten und Triggerpunkten gegenüber anderen Lebens- und Familienformen und Geschlechtsidentitäten als der eigenen auseinander? Was lerne ich dadurch?
- Bin ich mir bewusst, dass ich von Seelsorgesuchenden auch als weibliches/männliches/nichtbinäres/diverses Rollenmodell wahrgenommen werde, und wie gehe ich damit um?
- Weiß ich, wie ich mich verhalte, wenn Seelsorgesuchende mich zu Themen rund um verschiedene Lebensformen und Geschlechtsidentitäten ansprechen?
- Bin ich mir im Klaren darüber, dass queere Seelsorgesuchende oftmals Ausgrenzung, Verleumdung und Minderheitenstress erlebt haben und biblisch-theologische Sprache immer wieder genutzt wird, um Abwertung oder sogar Gewalt zu legitimieren? Was heißt das für mich und meine Arbeit?
- Kenne ich biblische Geschichten, die aus queerer Perspektive gelesen werden können?
- Kenne ich die sogenannten »Clobber Passages«, also die biblischen Totschlagtexte gegen Homosexualität, und was sage ich auf Nachfrage dazu?

2. Strukturell

- Trägt meine Seelsorgearbeit dazu bei, religiöse Orte, Kirchengemeinden oder kirchliche Einrichtungen zu einem Ort zu machen, an dem sich Seelsorgesuchende sicher vor Diskriminierung aufgrund ihrer Lebensform beziehungsweise Geschlechtsidentität fühlen können?
- Wird Seelsorgesuchenden in meiner Kirchengemeinde/kirchlichen Einrichtung deutlich, dass an kirchlichen Orten das gleichberechtigte Miteinander aller Lebensformen und Geschlechtsidentitäten angestrebt und gelebt wird? Woran ist das erkennbar?
- Gibt es in meiner Kirchengemeinde/kirchlichen Einrichtung ein Leitbild, das eine inklusive und queerfreundliche Willkommenskultur ausdrückt? Ist dieses Leitbild der Öffentlichkeit bekannt? Wo kann es nachgelesen werden?
- Sind die Mitarbeitenden meiner Kirchengemeinde/kirchlichen Einrichtung sensibilisiert für mögliche negative Erfahrungen nicht heterosexueller und nicht cis-geschlechtlicher Ratsuchender?
- Sind die Mitarbeitenden meiner Kirchengemeinde/kirchlichen Einrichtung geschult im Hinblick auf Diskriminierungserfahrungen und Begleitung von Coming-out-Prozessen oder Transitionen?

- Ist allen bekannt, dass queere Seelsorgesuchende spezifische gesellschaftliche Herausforderungen und homo- und/oder transfeindliche Gewalterfahrungen erlebt haben können?
- Ist meine Kirchengemeinde/kirchliche Einrichtung mit LSBTIQ+-Netzwerken und Beratungseinrichtungen etc. vernetzt und verweist bei Bedarf auf deren Expertise?

3. Konsequenzen

Queersensible Seelsorger:innen achten darauf,
- dass die Geschlechtsidentität von Seelsorgesuchenden nicht zwangsläufig weiblich oder männlich ist. Sie signalisieren Sensibilität dafür und fragen im Zweifel nach, mit welchen Pronomen Seelsorgesuchende angesprochen werden möchten.
- dass die sexuelle Orientierung bei Seelsorgesuchenden nicht zwangsläufig heterosexuell ist. Sie signalisieren Sensibilität dafür und vermeiden vereinnahmende Aussagen darüber.
- eigene Vorurteile und Vorbehalte gegenüber queeren Menschen zu reflektieren und diese gegebenenfalls zu verändern.
- persönlich und inhaltlich eine eigene Haltung zu queeren Themen zu finden,
- das eigene Verhalten zu überprüfen und gegebenenfalls zu ändern.
- sich Wissen über queere Themen und Herausforderungen queerer Personen anzueignen.
- zuzuhören, sich Zeit zu nehmen, sichere Räume zu schaffen.
- empathisch und wertzuschätzend zu sein.
- Respekt zu zeigen.
- queere Seelsorgesuchende als Expert:innen ihrer Lebensgeschichte und ihrer Potenziale anzusehen und ernst zu nehmen.
- dass queere Menschen Minderheitenstress und (spirituelle) Gewalt erlebt haben und schwer traumatisiert sein können.
- Grenzen der Seelsorge im Blick zu haben und gegebenenfalls an Fachleute, queersensible Netzwerke und Beratungseinrichtungen weiterzuvermitteln.

Checkliste für geschützte Räume – »Safe(r) Spaces« in der Seelsorge

Als »Safe(r) Spaces« werden Räume und Räumlichkeiten bezeichnet, in die sich Menschen zurückziehen können, die sich verletzlich oder diskriminiert fühlen. Sie werden oft als »safer« statt als »safe« bezeichnet, da eine absolute Sicherheit nicht gewährleistet werden kann.

Sichere Planungsräume (Informationen und Absprachen im Vorfeld von Seelsorge)
- Information über Seelsorgegeheimnis und Verschwiegenheit
- Abfrage von besonderen Bedürfnissen der Seelsorgesuchenden
- Absprachen über Ort, Zeit und Länge des Gesprächs/der Gespräche
- Absprachen über Inhalte, Themen und Wünsche der Seelsorgesuchenden
- Sonstiges: _____

Sichere Begegnungsräume
- Queerfreundliche Willkommenszeichen (z. B. Regenbogenflaggen, Regenbogenplakate)
- Queerfreundlicher Auftritt in den sozialen Medien (z. B. #allarewelcome, #queer, #queerfaith)
- Barrierefreie und geschlossene Räume
- Keine durchsichtigen Türen
- Gastfreundliches Ambiente: Angebot von Kaffee, Tee, Wasser, ggf. Kekse und/oder Obst
- Respekt, Wertschätzung und Empathie gegenüber den Seelsorgesuchenden
- Ausreichend Zeit und Ruhe für Gespräche
- Sicheres Umfeld, ggf. mit Sicherheitsdienst
- Sonstiges: _____

Sichere Sprachräume (Einzel- und Gruppengespräche)
- Frage nach dem gewünschten Pronomen für die Anrede der Seelsorgesuchenden (er, sie, »they«, oder gar kein Pronomen)
- Klare Gesprächsregeln
  - Ich-Botschaften
  - Wertschätzende Sprache
  - Zuhören und ausreden lassen
  - Keine verbalen, nonverbalen oder körperlichen Übergriffe

- Keine abwertenden oder beleidigenden Aussagen
  - über die Hautfarbe einer Person
  - über die Sprache/den Akzent/den Dialekt einer Person
  - über den Körper und die Körperform einer Person
  - über das Alter einer Person
  - über die Geschlechtsidentität einer Person
  - über die sexuelle Orientierung einer Person
  - über körperliche oder geistige Einschränkungen einer Person
  - über religiöse Überzeugungen einer Person
- Sonstiges: _____

In einem »Safe(r) Space« geht es darum, dass ein gastfreundliches und sicheres Umfeld geschaffen wird und ein respektvoller Umgang miteinander gepflegt wird. Wenn eine Person einen »Safe(r) Space« betritt, soll sie sich sicher fühlen können, dass sie nicht diskriminiert, beleidigt oder belästigt wird.

Literatur

Althaus-Reid, M. (2000): Indecent Theology. Abingdon.
Althaus-Reid, M. (2003): The Queer God. London/New York.
Augsburger, D. W. (1986): Pastoral Counseling Across Cultures. Philadelphia.
Bistum Mainz (2022): »Das schaffen wir nicht alleine«. https://bistummainz.de/pressemedien/aktuell/nachrichten/nachricht/Das-schaffen-wir-nicht-alleine/? (Zugriff am 2.11.2022).
Bolz-Weber, N. (2016): Ich finde Gott in den Dingen, die mich wütend machen. Pastorin der Ausgestoßenen (3. Aufl.). Moers.
Brinkschröder, M. (2006): Sodom als Symptom. Gleichgeschlechtliche Sexualität im christlichen Imaginären – eine religionsgeschichtliche Anamnese. Berlin/New York.
Brinkschröder, M./Ehebrecht-Zumsande, J./Gräwe, V./Mönkebüscher, B./Werner, G. (Hg.) (2022): #OutInChurch. Für eine Kirche ohne Angst. Freiburg i. Br.
Bundesministerium der Justiz (1980): Gesetz über die Änderung der Vornamen und die Feststellung der Geschlechtszugehörigkeit in besonderen Fällen (Transsexuellengesetz – TSG). https://www.gesetze-im-internet.de/tsg/BJNR016540980.html (Zugriff am 2.11.2022).
Bundesministerium der Justiz (2020): Gesetz zum Schutz vor Konversionsbehandlungen (KonvBG). https://www.gesetze-im-internet.de/konvbehschg/BJNR128500020.html (Zugriff am 2.11.2022).
Bundesministerium für Familie, Senioren, Frauen und Jugend und Bundesministerium der Justiz (2022): Eckpunkte des Bundesministeriums für Familie, Senioren, Frauen und Jugend und des Bundesministeriums der Justiz zum Selbstbestimmungsgesetz. https://www.bmfsfj.de/resource/blob/199382/1e751a6b7f366eec396d146b3813eed2/20220630-selbstbestimmungsgesetz-eckpunkte-data.pdf (Zugriff am 20.11.2022).
Cannon, K. (1988): Black Womanist Ethics. Oxford.

Cheng, P. (2011): Radical Love. An Introduction to Queer Theology. New York.
Clifford, J. (2019): The Gospel According to Jesus, Queen of Heaven. London.
Dgti e. V. (Hg.) (2017): Reformation für Alle*. Transidentität/Transsexualität und Kirche. Berlin. https://www.kirchenrecht-ekd.de/document/12484 (Zugriff am 2.11.2022).
Evangelische Kirche in Deutschland (EKD) (2009): Kirchengesetz zum Schutz des Seelsorgegeheimnisses (Seelsorgegeheimnisgesetz) vom 28.10.2009 (ABl. EKD 2009, S. 352).
Evangelische Kirche in Hessen und Nassau (EKHN) (Hg.) (2018): Zum Bilde Gottes geschaffen. Transsexualität in der Kirche. Wiesbaden. https://unsere.ekhn.de/fileadmin/content/ekhn.de/download/publikationen_broschueren/EKHN_Transsexualitaet_3Aufl_2019_web.pdf (Zugriff am 2.11.2022).
Gräwe, M./Johannemann, H./Klein, M. (Hg.) (2021): Katholisch und Queer. Eine Einladung zum Hinsehen, Verstehen und Handeln. Paderborn.
Greenough, C. (2020): Queer Theologies. The Basics. London, New York.
Häneke, F. (2019): LGBTIQ* Pfarrer*innen in Deutschland. https://www.feinschwarz.net/lgbtiq-pfarrerinnen-in-deutschland (Zugriff am 2.11.2022).
Harasta, E. (Hg.) (2016): Traut euch. Schwule und lesbische Ehe in der Kirche. Berlin.
Hartmann, I./Knieling, R. (2016): Gemeinde neu denken. Geistliche Orientierung in wachsender Komplexität (2. Aufl.). Gütersloh.
Heyward, C. (1989): Und sie rührte sein Kleid an. Eine feministische Theologie der Beziehung. Stuttgart.
Hirschberg, C./Freudenberg, M./Plisch, U.-K. (Hg.) (2021): Handbuch Studierendenseelsorge. Gemeinden – Präsenz an der Hochschule – Perspektiven. Göttingen.
Hirschfeld-Eddy-Stiftung (2020): Aufklären, sensibilisieren, vernetzen. LSBTI*-Rechte sind Menschenrechte! Köln/Berlin.
Kremer, R. (2016). Seelsorge im Blaulichtgewitter: Eine pastoraltheologische Untersuchung zur Notfallseelsorge. Stuttgart.
Lesben- und Schwulenverband Deutschland (LSVD) (2021): Homophobe und transfeindliche Gewaltvorfälle in Deutschland (PDF-Broschüre): https://www.lsvd.de/de/ct/3958-Alltag-Homophobe-und-transfeindliche-Gewaltvorfaelle-in-Deutschland (Zugriff am 10.4.2022).
Lesben- und Schwulenverband Deutschland (LSVD) (2022): Soll das Geschlecht jetzt abgeschafft werden? 12 Fragen und Antworten zu Trans* Geschlechtlichkeit (PDF-Broschüre). https://www.lsvd.de/media/doc/6417/2022._soll_geschlecht_jetzt_abgeschafft_werden._broschuere_selbstbestimmungsgesetz.pdf (Zugriff am 2.11.2022).
Lings, R. (2013): Lost in Translation. Homosexuality in the Bible. Trafford.
Lorde, A. (1984/2021): Sister Outsider. Essays. Berlin.
Lüdtke, K.-P. (2017): Jesus liebt Trans. Transidentität in Familie und Kirchengemeinde. Göppingen.
Meister, G. (2019): Sexualität und Kirche. Gottesdienst- und Andachtspraxis zu Homo-, Bi-, Trans*- und Inter*sexualität. Göttingen.
Meyer, I. H. (1995): Minority Stress and Mental Health in Gay Men. Journal of Health and Social Behavior, 36, S. 38–56.
Ökumenische Arbeitsgruppe Homosexuelle und Kirche (HuK) e. V. (Hg.) (2018): Verschaffe mir Recht. Kriminalisierung von Lesben, Schwulen, Bisexuellen und Transgendern und die katholische Kirche. München.
Pithan, A./Söderblom, K./Uppenkamp, V. (2019): Leitlinien sexueller Orientierung/Geschlechtsidentitäten. file:///C:/Users/ESG/Downloads/01_Leitlinien-Sexuelle-Orientierung-_15-07-19%20(3).pdf (Zugriff am 24.11.2022).
Platte, T. (Hg.) (2018): Nicht mehr schweigen. Der lange Weg queerer Christinnen und Christen zu einem authentischen Leben. Berlin.
Plisch, U.-K. (2016): Liebe Deine*n Nächste*n. Gleichgeschlechtliche Liebe und die Bibel. In: Harasta, E. (Hg.): Traut euch. Schwule und lesbische Ehe in der Kirche (S. 20–36). Berlin.

Plisch, K.-U./Ritter, C. (2022): Lebensentwürfe und Gendergerechtigkeit. In: Hirschberg, C./ Freudenberg, M./Plisch, U.-K. (Hg.): Handbuch Studierendenseelsorge. Gemeinden – Präsenz an der Hochschule – Perspektiven (S. 326–333). Göttingen.

Raastad, H. (2022): This Queer Grace. My lesbian journey through unknown landscapes. A spiritual memoir. Niewegen.

Schinzler, N. (2018): Zur Situation von trans* Kindern und Jugendlichen – insbesondere in Familie und Schule. Bundeszentrale für politische Bildung. Dossier: Geschlechtliche Vielfalt – trans*. https://www.bpb.de/gesellschaft/gender/geschlechtliche-vielfalt-trans/269316/zur-situation-von-trans-kindern-und-jugendlichen (Zugriff am 2.11.2022).

Schneider, R. (2021): Internalisierte LGBT*-Phobie und LGBT*-Minoritätenstress: die psychischen Folgen der kirchlichen Verurteilung. In: Gräwe, M./Johannemann, H./Klein, M. (Hg.): Katholisch und Queer. Eine Einladung zum Hinsehen, Verstehen und Handeln (S. 190–200). Paderborn.

Schottroff, L. (1990): Befreiungserfahrungen. Studien zur Sozialgeschichte des Neuen Testaments. München.

Schreiber, G. (Hg.) (2016): Transsexualität in Theologie und Neurowissenschaften. Ergebnisse, Kontroversen, Perspektiven. Berlin/Boston.

Schüssler-Fiorenza, E. (1988): Zu ihrem Gedächtnis. Eine feministisch-theologische Rekonstruktion der christlichen Ursprünge. München/Mainz.

Schulz, E. (2022): Gnade ist immer trotzdem. Als Christin homosexuell? Eine Suche nach Antwort. Neukirchen-Vluyn.

Söderblom, K. (2009): Religionspädagogik der Vielfalt. Herausforderungen jenseits der Heteronormativität. In: Pithan, A./Arzt, S./Jakobs, M./Knauth, T. (Hg.): Gender – Religion – Bildung. Beiträge zu einer Religionspädagogik der Vielfalt (S. 371–386). Gütersloh.

Söderblom, K. (2013): Lebensformen im Pfarrhaus. In: Mantei, S./Sommer, R./Wagner-Rau, U. (Hg.): Geschlechterverhältnisse und Pfarrberuf im Wandel. Irritationen, Analysen und Forschungsperspektiven (S. 135–146). Stuttgart.

Söderblom, K. (2015): Schulseelsorge für lesbische Mädchen und schwule Jungs als Beitrag für eine Pastoraltheologie der Vielfalt. In: Breckenfelder, M. (Hg.): Homosexualität und Schule (S. 259–270). Opladen u. a.

Söderblom, K. (2016): Ohne Vorbehalte. https://kerstin-soederblom.de/ohne-vorbehalte/ (Zugriff am 10.11.2022).

Söderblom, K. (2020a): Queer theologische Notizen. Niewegen.

Söderblom, K. (2020b): Queere Theologie als Dimension einer inklusiven Religionspädagogik der Vielfalt. In: Knauth, T./Möller, R./Pithan, A. (Hg.): Inklusive Religionspädagogik der Vielfalt. Konzeptionelle Grundlagen und didaktische Konzeptionen (S. 147–157). Münster/New York.

Söderblom, K. (2020c): »Queer und outside the box«. https://www.futur2.org/article/queer-und-outside-the-box/ (Zugriff am 2.11.2022).

Söderblom, K. (2021a): Queere Theologie – Suchbewegungen im Plural. In: V. Dinkelaker, V./ Peilstöcker, M. (Hg.): G*tt w/m/d. Geschlechtervielfalt seit biblischen Zeiten (S. 162–168). Oppenheim am Rhein.

Söderblom, K. (2021b): Versöhnung. Anstoß am Morgen im SWR 1: https://www.kirche-im-swr.de/beitraege/?id=34492 (Zugriff am 2.11.2022).

Söderblom, K. (2021c): Zachäus und die Scham. https://www.evangelisch.de/blogs/kreuz-queer/181383/20-01-2021 (Zugriff am 2.11.2022).

Tonstad, L. (2018): Queer Theology. Beyond Apologetics. Eugene.

Vecera, S. (2022): Wie ist Jesus weiß geworden? Mein Traum von einer Kirche ohne Rassismus. Ostfildern.

Verband der Evangelischen Studierendengemeinden in Deutschland (Hg.) (2019): Die Ehe für alle. Eine Handreichung der Bundes-ESG. Hannover.

Weiß, H. (2011): Seelsorge. Supervision. Pastoralpsychologie. Neukirchen-Vluyn.

Wenn Herr Pfarrer zur Pfarrerin wird: Elke kämpft um ihre Gemeinde. Regie: M. Rees. Deutschland, Westdeutscher Rundfunk, 2020. https://www.ardmediathek.de/video/menschen-hautnah/wenn-herr-pfarrer-zur-pfarrerin-wird-elke-kaempft-um-ihre-gemeinde/wdr/Y3JpZDovL3d-kci5kZS9CZWl0cmFnLTA3NTI1NDhhLWE1ZmItNDgzYy04ZTA4LWRhMDQzNTI3MjNlMw (Zugriff am 2.11.2022).

Wie Gott uns schuf – Coming-out in der katholischen Kirche. Regie: H. Seppelt. Deutschland: Mitteldeutscher Rundfunk, 2022. https://www.mdr.de/religion/dokumentation-wie-gott-uns-schuf-100.html#:~:text=Wie%20Gott%20uns%20schuf%20%2D%20Coming%2Dout%20in%20der%20katholischen%20Kirche,-Menschen%2C%20die%20sich&text=Die%20Katholikinnen%20und%20Katholiken%20erz%C3%A4hlen,sexuellen%20Orientierung%20oder%20Identit%C3%A4t%20stehen (Zugriff am 2.11.2022).

Wolfrum, S. (2019): Endlich ich. Ein transsexueller Pfarrer auf dem Weg zu sich selbst. München.

Auswahl an Netzwerken, Einrichtungen und Beratungsstellen

Beratungsteam in der »Bar jeder Sicht«, Mainz: https://barjedersicht.de/beratung/
Bundesverband Trans* e. V.: www.bv-trans.de
Deutsche Aidshilfe: www.aidshilfe.de/
Deutsche Gesellschaft für Transidentität und Intersexualität e. V.: www.dgti.org
European Forum of LGBT Christian Groups: www.lgbtchristians.eu/
Evangelisches Frauenbegegnungszentrum (EVA) in Frankfurt/Main mit Beratungsangebot: www.eva-frauenzentrum.de/
Evangelisches Zentrum Frauen und Männer in der EKD: www.evangelisches-zentrum.de/
Global Interfaith Network. For People of all Sexes, Sexual Orientations, Gender Identities and Expressions (GIN SSOGIE): https://gin-ssogie.org/
Global Network of Rainbow Catholics: https://rainbowcatholics.org/
ILGA Europe: www.ilga-europe.org/
Internationales Netzwerk im Bereich Transgender und medizinische Empfehlungen: www.trans-evidence.com
Lesbenberatung Berlin: https://lesbenberatung-berlin.de/
Lesben Informations- und Beratungsstelle e. V. (Libs), Frankfurt am Main: https://libs.w4w.net/
Lesben und Kirche (LuK): www.lesben-und-kirche.de/
Lesben- und Schwulenverband Deutschland (LSVD): www.lsvd.de
LeTRa Lesbenberatung, München: www.letra.de/
LSBTTIQ-Beratung, Baden Württemberg: www.vlsp.de/beratung-therapie/bawue
Metropolitan Community Church (MCC) in Deutschland: www.mcc-deutschland.de/index.php
Netzwerk für geschlechtersensible Bildungs- und Antidiskriminierungsworkshops in Schulen, Sportvereinen und Jugendzentren (nach Bundesländern organisiert): z. B. Schlau NRW: www.schlau.nrw
Netzwerk katholischer Lesben e. V.: https://netzwerk-katholischer-lesben.de/
Oase. Seelsorge und Therapie bei »Zwischenraum«: https://www.zwischenraum.net/oase/oase-seelsorge-bei-zwischenraum/
Ökumenische Arbeitsgruppe Homosexuelle und Kirche (HuK) e. V.: www.huk.org
Onlineberatung der ökumenischen Arbeitsgruppe Homosexuelle und Kirche e. V. (HuK): beratung@huk.org, Projekt »Reformation für alle* – Transidentität/Transsexualität und Kirche«: www.tur2017.de

Projekt für mehr Sichtbarkeit und gegen Diskriminierung von jungen Trans* und Menschen, die geschlechtlich vielfältig leben: www.transjaund.de

Psychosoziale Beratung, München: https://subonline.org/beratung/psychosoziale-beratung/

Queeramnesty: www.queeramnesty.de/

Queere Gottesdienste (Städte-/Adressen-Übersicht): www.queergottesdienst.de/

QueerNet Rheinlandpfalz e. V. (Netzwerk queerer Vereine und Initiativen in Rheinlandpfalz): www.queernet-rlp.de/

Queersensible Pastoral in katholischen Bistümern in Deutschland, z. B. Queer In Church. Queersensible Pastoral im Bistum Mainz: https://bistummainz.de/seelsorge/queersensible-pastoral/start/index.html

Queersensible Seelsorge im Zentrum Seelsorge der Evangelischen Lutherischen Landeskirche Hannovers: www.landeskirche-hannovers.de/evlka-de/wir-fuer-sie/begleiten/seelsorge/queer_sensible_seelsorge

Regenbogenforum e. V.: Christliche LSBTTIQ-Gruppen in Deutschland: https://regenbogenforum.de

Studienzentrum der EKD für Genderfragen: www.gender-ekd.de/

Verein von Eltern minderjähriger trans* Kinder: www.trans-kinder-netz.de

Zentrum Seelsorge und Beratung der Evangelischen Kirche in Hessen und Nassau: https://zsb.ekhn.org/

Zentrum Seelsorge und Beratung der Evangelischen Lutherischen Landeskirche Hannovers: www.zentrum-seelsorge.de/

Zwischenraum. Queere deutschsprachige Christ:innen verschiedener Frömmigkeitsrichtungen: www.zwischenraum.net/

Dank

Mein Dank gilt allen, die mich seit meinem Coming-out vor etwa 35 Jahren begleitet und gestärkt haben: meine Eltern und Geschwister, meine verstorbene Oma Paula, die mit mir ein Glas Sherry trank, als ich »es« ihr endlich erzählt hatte. Und alle Freund:innen und Freunde, die auf meinem Weg dabei waren und sind.

Danke an alle queeren Gläubigen und religiös Interessierten weltweit, die sich nicht aus ihren Kirchen und religiösen Gemeinschaften rausdrängen lassen, sondern mit Engagement und persönlichem Risiko queerfreundliche und sichere Orte für alle gestalten. Danke an meine Geschwister im Europäischen Forum christlicher LSBT+-Gruppen, bei Labrystheia, im ökumenischen Regenbogenforum, in den Vorbereitungsteams der Regenbogenzentren auf verschiedenen Kirchentagen und den internationalen »Rainbow Pilgrims of Faith«, die sichere Orte, Workshops und Podiumsveranstaltungen für alle im Rahmen der Vollversammlung des Ökumenischen Rats der Kirchen (ÖRK) im September 2022 in Karlsruhe angeboten und das auch schon bei früheren ÖRK-Vollversammlungen getan haben.

Ein besonderer Dank gilt meiner Landeskirche, der Evangelischen Kirche in Hessen und Nassau, die mich nach meinem Coming-out ermutigt hat, dabeizubleiben. Sie hat mir im Frühjahr 2022 einen dreimonatigen Studienurlaub ermöglicht, in dem ich Hauptteile dieses Buchs geschrieben habe. Danke an Studienleiter Dr. Dr. Raimar Kremer vom Zentrum für Seelsorge der EKHN, der mein Mentor während des Studienurlaubs war und mich in der Zeit professionell betreut hat. Danke an Dr. Monika Barz, die meine Arbeit vor der Abgabe ganz gelesen und mit konstruktiv kritischen Anmerkungen versehen hat. Danke an die Lektorin Ulrike Rastin und den Verlag Vandenhoeck & Ruprecht für die unkomplizierte und gute Zusammenarbeit.

Dankbar bin ich meinem Kollegen Dr. Erich Ackermann und der ESG-Assistentin Anja Zimmermann dafür, dass sie mich während meines Studienurlaubs in der ESG vertreten haben. Ein herzlicher Dank gilt meiner katholischen Kollegin Christine Schardt, die im April 2022 als eine von zwei Personen mit der queersensiblen Pastoral im Bistum Mainz beauftragt wurde und mit der ich die Leidenschaft für queersensible Seelsorge teile.

Danke an die Studierenden und alle anderen Bündnispartner:innen in Mainz und im QueerNet Rheinlandpfalz e. V., mit denen ich seit 2020 gemeinsam die ökumenischen CSD-Gottesdienste und viele andere queere Veranstaltungen vorbereite und durchführe. Von euch allen habe ich viel gelernt. Und schließlich gilt mein Herzensdank meiner Ehefrau Ulrike. Du hast auch dann an mich geglaubt und mich unterstützt, wenn ich selbst im Zweifel war und alles hinschmeißen wollte.